불턱의 꽃

불턱의 꽃

이정자 수필집

수필과비평사

책을 내면서

그동안 가슴속에 숨겨두었던 이야기들을 글로 모아 세상 나들이 보내려 합니다.

길가에 활짝 핀 살살이꽃은 내 마음같이 수줍게 한들거립니다. 친구들과 목청 돋우며 즐겨 부르던 〈코스모스 피어 있는 길〉 노래가 들려오는 듯합니다. 숨겨둔 묵정밭에 갖가지 꽃씨를 뿌리고 가꾼다고 노력했습니다. 막상 피어난 꽃들을 엮으려니 부끄러움이 앞섭니다.

상군해녀의 딸로 태어난 덕분에 제일 먼저 접한 놀이터가 바닷가였습니다. 체험이 바탕일 수밖에 없는 제 글의 중요한 소재는 어쩔 수 없이 해녀 이야기입니다.

처음 글을 쓰게 된 동기도 제주 문인협회에서 주최한 주부백일장의 글제가 '해녀'였습니다. 입선되면서 용기를 얻었지요. 그 뒤로 좋은 글귀가 떠오르면 메모를 했습니다.

한 발 나아가 〈여성 시대〉에 글을 보내어 채택되고 상금과 상품을 받아보는 기쁨도 있었습니다.

꿈은 꿈꾸는 자의 몫이라는 말처럼 우연한 기회에 수필공부를 하게 되었습니다. 문우들을 만나면 즐겁고 향내 가득한 시간이었지만 내 글밭은 초라하기만 합니다. 한 편의 작품에서라도 삶의 향기가 진하게 풍겼으면 하고 소망해 봅니다.

수필공부모임을 위해 제주 섬에 오셔서 매달 열강하시는 교수님께 감사의 마음 전합니다. 격려하고 용기 주시는 문우님들 고맙습니다. 두려움을 무릅쓰고 내보이는 나의 이야기들에 더 큰 관심과 사랑의 눈길 보내주시길 부탁드립니다.

살아오는 동안 나의 모자람과 허물을 애정의 눈으로 덮어 준 가족과 형제들에게 『불턱의 꽃』이 작은 보답이 되기를 바랍니다. 깊은 사랑의 마음과 함께 이 책을 그들에게 안겨드리고자 합니다.

2017년 단풍 고운 시월에

| 차례

2부

샐리의 법칙

3부

연꽃의 속삭임

4부

놋화로

5부

어머님의 유산

6부

치유의 숲

1부

고향 연가

떠오른 태양

고향 연가

봄바람 불어오면

내 마음의 간이역

벌초 하는 날

꿈의 대화

추억여행

떠오른 태양

봄을 재촉하는 보슬비가 하염없이 내린다. 해마다 3월이면 아파트 화단에 천리향이 팥알을 붙여 놓은 것처럼 오동통 물이 오른다. 야무진 꽃봉오리가 터지면 봄꽃들이 시샘하며 피기 시작한다. 천리향의 유혹에 행인들은 발길을 멈추고 사방을 둘러본다. 독특한 향이 온몸에 휘감기고 집안까지 올라왔다.

모임에서 정담을 나눈 친구들의 목소리가 귀에 쟁쟁하다. 오랜만에 참석한 친구들은 명랑하고 발랄했던 모습은 어디로 가고 일상에서의 푸념들만 늘어놓았다. 맨 마지막에 나타난 친구의 달라진 얼굴 윤곽에 서로 의아한 눈빛이다. 그 친구가 먼저 활짝 웃으며 입을 열었다. 왼쪽 쌍꺼풀이 너무 처져서 시력이 나빠진다는 안과 의사의 진단에, 양쪽 쌍꺼풀 수술을 했다는데 어딘지 어색하다.

갑자기 대화가 시끄러워졌다. 얼굴 리모델링에 관심들이 대단하다. 어디서 수술했는지 견적은 얼마인지가 대화의 주제다. 자녀들 교육에 전념했던 때와는 달리 서로의 건강에 중점이다. 특히 갱년기 증세에 고개를 끄덕이는 모습들이 가관이다.

우중충한 마음을 다독거려 볼 심산으로 돌아오는 길에 서점에 들렀다. 신경숙 작가의 『엄마를 부탁해』 표지가 손짓한다. 가슴에 들어오는 뭔가를 마음으로 확인하고 싶었다. 엄마의 존재를 떠올리며 나는 어떤 엄마일까? 하는 생각으로 먼 길을 걸어왔다. 첫 장을 넘기며 "엄마를 잃어버린 지 일주일째다."라는 구절에 마음이 뭉클해지기 시작했다.

"시골에 살고 계시던 부모님은 어머니의 70회 생일을 앞두고, 자녀들이 살고 있는 곳에서 생일상을 받으려고 서울역으로 왔다. 하필 번잡한 토요일 오후여서인지 북적대는 지하철에서 아버지가 어머니의 손을 잠깐 놓는 순간 헤어졌다. 엄마는 수많은 인파에 떠밀려 아버지의 손을 놓쳤고, 허둥지둥하는 사이에 열차는 출발해버린 것이다. 가족들은 실종 신고를 하고, 어머니를 찾아 소동을 벌인다." 전개되는 내용이 남의 일이 아닌듯 하여 애잔하다.

단숨에 읽어 내려가다 친정엄마를 떠올려본다. 엄마와 따뜻한 대화를 나누던 때가 언제였는가. 어머니는 3남 5녀의 태양이다. 반농반어 생활은 언제나 분주하시다. 서로 바쁘다는 핑계로 속마음 털어내며 마주한 시간이 언제였는가.

어느 해 추운 겨울 오후, 동네에 수돗물이 들어오기 전이다. 어머니는 만삭의 몸으로 우물에서 물허벅을 짊어지고 헐떡거리며 왔다. 부엌에 있는 항아리에 물을 쏟아 붓기도 전에 부랴부랴 물허벅을 내려놓았다. 안방으로 들어가 큰 보자기를 꺼냈다. 당황하여 옆집 할머니를 찾았지만 안 계셨다. 외출하였던 아버지는 급히 핏덩이 아들을 보듬으며 소독하지 않은 가위로 탯줄을 끊었다. 아기는 이목구비가 또렷하여 모두들 좋아했다. 아버지는 올레 어귀담에 새끼줄을 치고 붉은 고추를 매달아 놓았다. 삼 일 뒤 삼승 할머니 상을 차리고 아기가 건강하게 자라길 빌며 치성을 드렸다. 하지만 그날 밤부터 아기는 보채며 시름시름 눈을 감고 칭얼대며 헐떡거렸다.

웃음이 넘쳐나던 집안에 먹구름이 덮였다. 부모님은 지극정성을 다했지만 너무도 안타깝게 아기를 어머니 가슴 속에 묻었다. 그 후 어머니도 많이 아프셨다. 너무나 큰 충격이었는지 그때의 일들이 지워지지 않는다. 엄마는 다산했지만 병원에 한 번 가지 않고 집에서 출산했다. 어려운 순간이 닥쳐도 지혜로 풀어 나간다. 가슴에는 힘든 일들이 화석으로 응고되어 있지만 자식에게 주는 사랑은 뜨거운 용광로처럼 따뜻하다.

오랜만에 엄마의 품속을 더듬기 위해 전화를 걸었다. 집 전화는 부재 중이다. 다시 핸드폰으로 신호를 보냈다. "어머니, 어디서 무엇하고 계세요?"라고 했더니 신작로 밭 창고란다. 봄 감자 파종을 위해 감자 싹눈을 나누는 일을 한단다. 해가 뜨면 밭에서 비가 오면 창고에서, 밤이면 집안에서 너무 바빠서 아플 겨를이 없다는 여장부이다. 손은 거북이 등처럼 딱딱하지만 언제나 따뜻한 햇살로 자식들에게 포근히 비춰주고 계신다.

어릴 적 차려놓은 밥상에 형제들이 둘러앉아 다투었

다. 그럴 때마다 차분한 목소리로 "너희들 가슴에 참을 인忍을 새겨라. 그리고 세 번씩 되뇌며 마음을 다독여라." 하였다. 그 덕분인지 형제들은 우애롭게 살아간다. 인자한 어머니가 심어준 소중한 자산이다.

어머니의 존재는 신만큼이나 위대하다. 특히 엄마의 존재는 찬란한 태양이다. 헌신적인 모성애로 가정을 지키고 자식을 키워 나간다면 사회는 분명 안정된 삶의 터전이다. 『엄마를 부탁해』 책장을 넘기면서 엄마를 찾아보니 천리향처럼 은은한 향기로 다가온다. 언제나 찬란한 태양의 빛으로 오감을 자극해준다.

인자하신 어머니! 진심으로 존경하고 사랑합니다.

고향 연가

일주동로를 달리면 이색적인 풍차가 휘저으며 반긴다. 구좌읍 세화리 입구에서 해안도로 따라 우측으로 바라보면 번듯한 '해녀 박물관'이 보인다. 해풍이 몰아치고 불모지였던 모래 동산에 선조들의 숨결과 흔적이 되살아난다. 1932년 해녀의 생존권을 무참히 수탈하는 일본에 대항하기 위하여 대책을 공론하고 의기투합하였다. '해녀 항일운동'의 발상지는 제주시에서 동쪽으로 35km 떨어진 하도리 마을 옛 지명은 별방이다.

해녀박물관을 지나서 해안도로를 따라가면 왼쪽으로 서문동 포구가 보이고 우측으로 '시도 기념물 제24호 별방진' 표석이 보인다. 왜적의 침입을 대비하여 마을사람들이 축조한 성벽은 침입을 막고자 하는 의지와 애환이 서려 있다. 출렁이는 물결을 바라보며 해녀들의 숨비소리를 내질러본다. 호~이. 저 멀리 할머니와 어머니가 다가온다.

'굴동 포구'에는 조그만 배들이 정박하고 있다. 커다란 불턱*이 있던 곳에 번듯한 해녀 탈의장이 들어섰다. 늦은 봄 해경이 시작되면 동생을 업고 먼 길을 걸어왔다. 철없는 아이는 어머니의 태왁망사리만 들어 보았다. 동생에게 젖을 먹이고 불을 쬐며 구워주던 미역귀와 소라의 담백한 맛은 허기진 배를 채워주었다.

바닷물에서 올라온 듯 떨고 있는 해녀 동상을 바라보며 빙그레 웃어본다. 세월은 흐르고 물살은 거칠어도 변함없이 바다를 지키고 있다. 토끼섬(蘭島)은 문주란 자생지이다. 천연기념물 19호로 지정된 보호지역으로 높은 절벽 할미당이 마주한다. 문주란 꽃은 7월부터 9월에 활짝 핀다. 꽃대를 밀어낸 하얀 꽃술은 달밤에 하얀 토끼들이 뛰어다니는 것처럼 신비롭다. 문주란 향기는 천리만리 퍼지기에 일명 천리향이라고 부르며, 밤이면 향기가 더욱 짙어 마을 안까지 향기로움이 가득하다. 체험 학습장으로 찾아오는 토끼섬은 제주의 보물이며 마을의 자랑거리다.

토끼섬을 뒤로한 돌다리 주변에 구구대는 거위와 오리 사육장이 있다. 썰물이 되면 오리들이 바다로 내려가서 모래와 돌 틈에서 천연 먹이 갯지렁이와 게를 잡아먹으며 활기차다. 밀물이 되면 뒤뚱뒤뚱 오리 사육장으로 돌아오는 모습이 신통하다. 그 너머 해안선 따라 진모살 해수욕장이 펼쳐져 있는데 모래가 가늘고 물색이 아름다워 여름에는 해수욕 인파로 이색적인 풍경을 만드는 곳이다.

시원한 바닷 바람을 맞으며 걷노라면, 섬 속의 섬 우도가 눈앞에 펼쳐 있다. 큰 황소가 드러누워 있는 것처럼 보여서 소섬이라고도 한다. 멀리 보이는 산호해수욕장 모래는 은빛을 발하며 손짓한다. 우도봉 등대도 선명하게 보인다. 몇 년 전부터 불쑥불쑥 신축 건물들이 들어선다. 천혜의 경관이 빠른 속도로 훼손되는 것 같아 아쉽다.

유년 시절의 추억을 찾으며 해안도로 따라 마을 쪽으로 걸어간다. 용천수가 콸콸 흐르고 있다. 철새도래지 저편 방파제가 가로막은 해안가 은빛 모래에 물결이 그림자를 그려내고 있다. 모래판에서 온몸을 흔들며 발로 모시조개를 잡던 일이 엊그제 같은데 희미한 추억이다. 우측 짠물과 단물이 교차하는 지점에 파래가 깔려 있어 심층플랑크톤이 풍부하다. 철새들이 풍부한 먹이를 찾아 날아들고 있다. 청둥오리는 사랑스러운 짝짓기를 하며 노닌다. 백로는 외로운 듯 저 멀리 날개를 휘저으며 날아간다.

철새도래지 바라보며 물결이 흔들리는 곳으로 올라간다. 혹한기에도 따뜻한 용천수가 솟아나는 곳인 '구명 물(일명 서느렁물)'이 담벼락에 의지하여 고요히 흐르고 있다. 상수도 설치되기 전에는 마을 아낙들이 빨래하며 마을의 경조사가 입소문으로 알려지던 사랑방이다. 자식들 자랑은 빨랫방망이 따라 높아졌다. 큰 빨래는 담벼락에 널며 양지바른 곳에 삼발이를 설치한다. 헌 솥을 올려놓아 빨래를 삶고 방망이로 탕탕 두들기던 모습들이 스크린처럼 펼쳐진다.

빨래터를 나와 한참을 걷노라면 선조들이 큰 돌을 쌓아서 만든 방파제이다. 겨울이면 숭어들이 뛰어올랐다. 숭어 맛은 겨울이 제철이다. 얇게 포를 떠서 맛있는 회를 만들어 주셨던 아버지 생각에 코끝이 시큰거린다.

가마우지가 손짓하는 동쪽으로 걸어가니 푸근하다. 종달리 지미봉이 거친 바람을 휘감은 덕분에 만발한 수국이 길손을 맞이한다. 수국은 6월에서 8월까지 활짝 피며 연초록 얼굴을 내민다. 사랑을 받으면 분홍색이나 하늘색으로 변하며 토질에 따라 빛깔이 다르다. 물감을 뿌려놓은 파스텔 그림처럼 화사한 꽃은 어렸을 때는 사발꽃이라 불렀다. 아름다운 도로에 선정된 길이다.

하도리와 종달리의 경계 선상에 '고망난 돌'이라는 돌로 된 표석이 있다. 고망난 돌 주위에는 너럭바위가 많아서 위험하다. 하지만 초등학교 단골 소풍 장소였다. 보물찾기 시간에 여러 개를 찾아 친구들에게 자랑하며 나눠주었다. 육학년 봄 소풍 때 고망난 돌을 먼저 보려고 다투다 물에 빠져 생쥐가 되었던, 남학생들은 사회의 주역이 되었다. 여자 친구들은 손녀를 돌보는 나이가 되었으니 세월 유수이다.

천상의 정원에서 추억이 새록새록 솟아올라 해풍이 살갑다.

---

*불턱: 해녀들이 자맥질하며 작업하다가 물밖으로 나와, 언 몸을 따뜻이 하기 위하여 가져간 땔감으로 불을 지펴서 쬐는 곳이라는 제주어.(같은 말은 봉덕)

봄바람 불어오면

보슬비가 촉촉이 내린다. 고사리 장마인 듯 습하고 따뜻한 기운이 감돌아 마음은 들로 뛰쳐나간다. 봉긋봉긋 솟아있는 오름 자락에 움트는 뭇 생명이 활개치며 피어오른다. 풀냄새 진동하는 야산의 가시 덤불 속에 햇고사리가 이슬 머금고 쑥쑥 올라오고 있다.

유년 시절, 동네 벗들과 삼삼오오 짝을 지어 머나먼 길을 돌아다녔다. 봄이면 달래를 찾아 밭담도 껑충 뛰어넘었다. 고사리밭은 둔덕 너머 야생 복숭아나무와 청미래 덩굴이 우거진 야산이다. 이슬 머금은 풀잎 속에 뽀얀 털이 송송한 아기고사리가 손을 내밀었다. 고사리 채취하고 내려올 즈음이면 신작로에 저울대를 들고 있는 삼촌이 있었다. 황금이 손에 잡히는 순간 솟아나던 기쁨은 무엇과도 바꿀 수 없었다. 힘들었지만 그리운 시절이다.

"욕심이 화를 부른다." 해마다 고사리 채취시기에 떠도는 말이다. 올해도 고사리 채취하러 갔던 할머니가 실종되어 수색작업으로 찾았다. 고사리 철 안전사고 주의보가 내려지는 특수 상황에 머나먼 길 떠나셨다는 안타까운 소식이다. 푸르름이 완연한 산을 바라보며 중얼거린다.

요즘 몇이 모이면 화제는 온통 고사리 꺾는 이야기로 넘친다. 몇 번 다녀왔는지, 많이 채취하였는지 서로 안부처럼 묻는다. 고사리가 많이 올라오는 지경은 지인이라도 쉽게 가르쳐 주지 않으며, 며느리에게도 비밀이라는 말에 모두 박장대소하며 너스레를 떤다. 고사리 채취에 몰두하고 앞만 보며 꺾다 보면 누구나 한번은 길을 잃고 고생했던 일이 있었다며 추억의 보자기를 풀어헤친다.

몇 년 전 친구와 고사리 채취하러 갔다가 생긴 일이 떠오른다. 새벽 공기 가로지르며 달려간 그곳에는 사람들이 지나간 흔적이 많았다. 해묵은 덤불 속에 옹골차게 올라온 고사리가 눈을 유혹하니 무조건 앞으로 옆으로만 나갔다. 담을 넘고 울창한 소나무 밑을 포복하며 보물찾기를 하고는 친구를 찾았더니 근처에 없다. 한참 후 만나고 보니 친구는 배낭 가득 채우고 커다란 비닐봉지를 껴내며 웃었다. 조금만 더 욕심 보따리를 채우자는 것이다.

비닐봉지를 채우다 보니 동서 방향 감각을 잃고 말았다. 떨리는 음성으로 남편에게 위치와 상황을 어렵게 설명하며 도움을 요청했다. 우선 연락은 되었지만 건전지가 거의 소모되어 불안감이 앞섰다. 소나무 숲이 우거지고 웃자란 덤불 속에서 길을 찾기란 미로를 헤매는 것 같았다. 지쳐서 갈증으로 노곤해지던 순간, 오목한 돌 위에 조금 고여 있는 물이 사막의 오아시스처럼 보였다. 순간 할머니의 지혜가 번득였다. 고여 있는 물 위에 스카프를 덮고 쭉쭉 빨아먹었다.

그때 남편으로부터 근처에 있는 119 소방서에서 사이렌을 울려준다는 연락을 받았다. 하지만 곶자왈이라 전혀 소리가 들려오지 않았다. 흐려진 날씨로 시야가 컴컴해졌다. 산 아래쪽이라 생각되는 곳으로 내려오라는 말에 무작정 걸었다. 친구가 목말라 더는 걸을 수 없다며 주저앉았다. 서로 용기를 주며 터벅터벅 걷다 보니 파란 건물이 보이기 시작했다.

파란 건물은 돼지우리였다. 뒤쪽으로 들어가니 주인아저씨가 뛰쳐나오며 웬 여자들이 출입금지 지역으로 왔느냐며 노발대발 고함을 쳤다. 어제 오후에 어미 돼지들 수정했는데 부정 탄다며 빨리 나가란다. 목이 말라 대답할 기운마저 없었지만 사죄하며 사정하였다.

가까이 들리는 사이렌 소리와 함께 구세주들이 나타났다. 정신 차리고 보니 배낭 위에 매달아 놓은 욕심덩어리는 없어지고 허탈감이 밀려왔다. 몇 시간 동안 거미줄에 걸린 잠자리처럼 부들부들 떨었던 악몽의 순간은 지금도 나를 비웃고 있다.

봄바람 불어오면 들로 뛰쳐나가고 싶은 욕망이 고사리처럼 뾰족이 솟아 나온다. 청정지역의 특산물 고사리는 멀리 있는 친지들에게 보내주는 사랑의 선물이다. 부질없는 일들이 일상에서 얼마나 많은가. 후회하는 삶의 연속이다.

내 마음의 간이역

5층 계단을 후다닥 뛰어올라왔다. 가쁜 숨을 내쉬며 자석에 끌리듯 컴퓨터에 앉으면 벗들이 손을 내민다. 반가움으로 고개가 끄덕여지며 웃음이 나온다. 마치 민속 오일시장에서 필요한 물건을 고르는 기분이다.

정보화의 홍수시대에 라디오 뉴스를 들으며 일한다. 하지만 컴퓨터는 귀로 듣고 눈으로 볼 수 있는 매력 때문에 시간 가는 줄 모른다. 두 아들이 연달아 서울로 대학 진학하게 되어 어줍은 신혼 생활로 돌아갔다. 큰아들이 서울로 진학했을 때에는 외로움이 엄습해 오지 않았다. 자칭 외동아들이 되었다고 좋아하는 작은아들이 콧노래를 부르며 친구들도 자주 불러들였다.

작은아들은 딸처럼 살갑고 다정하다. 부모 곁에서 대

학 다니겠다며 인생 설계를 했다. 후기에 합격한 대학에서 등록하라는 연락을 받자 온갖 애교를 부리며 급히 상경하는 것이 아닌가. 아이들이 전부인 양 애착을 갖고 있던 나에게 애별리고愛別離苦의 고통이 따라왔다. 혼자 있는 시간이면 문뜩 녀석들 어른거림에 헛것을 본 것처럼 마음이 울컥하였다.

어느 날 마트에 가서 아이들이 좋아하는 과일, 음료수, 과자들을 보는 순간 가슴이 먹먹했다. 구입하던 물건을 얼른 계산하고 뛰쳐나오는데 하필 큰아들의 선생님이 인사를 건네며 근황을 들어본다. 아이들 향한 그리움이 와락 달려들어 눈물이 솟구쳤다. 도둑질하다 들킨 사람처럼 누군가 잡아당기는 기분으로 집으로 달려왔다. 거실에 걸려 있던 가족사진이 움직이며 박장대소하는 듯 웅성웅성 환청이 들렸다. 늦은 시각에 귀가한 남편은 우울증 초기 증세라며 비웃었다.

그러던 어느 날부터 외로움이 엄습해오면 간이역에 앉았다. 마음을 차분히 다스리며 자화상을 글로 표현했다. 객지에서 생활하는 아들에게 자상한 엄마의 마음을 전달할 수 있음에 활력이 되살아났다. 아이들도 일상을 보고 해왔다. 몸은 멀리 있으나 마음은 항상 같이하는 가족임에 마음이 포근해졌다.

작은아들은 1학년 겨울방학에 '러시아 블라디보스토크 대학'에 교환학생으로 떠났다. 머나먼 타국에서 고생하는 아들에게 메일 보내는 시간이 즐거웠다. 자주 보내오는 아들의 답장에는 러시아 블라디보스토크 항구의 모습이 빙판이다. 한인 시장의 광경과 동료 학생들의 자유로운 패션 모습들과 거리의 다양한 볼거리를 보내와서 문명의 혜택에 감사했다.

어느 날, 날개 달린 행운의 여신이 간이역으로 달려왔다. 큰아들 취직 시험 최종합격 발표 날이라 두 손을 모으며 안절부절못할 때이다. 불안감을 떨치려 청소기를 돌리며 청소하는데 핸드폰이 춤을 추듯 울린다.

"엄마는 전화도 안 받고 어디 가셨어요, 최종 합격했습니다."

"어머나! 정말로…."

컴퓨터에서 확인해 보라는 아들의 말에 손이 떨렸다. 간이역에 달려온 나의 심장은 터질듯했다. 환호성을 지르며 주민등록번호를 입력하는데 손이 왜 그렇게 떨렸을까? "최종 합격 축하합니다." 하는 글귀를 본다. 순간 세상에 이렇게 똑똑한 컴퓨터가 있나. 어떻게 수많은 사람의 정보를 알고 있을까? 흥분된 감정으로 컴퓨터를 껴안고 감격의 눈물을 펑펑 흘렸다.

한참 뒤 정신을 가다듬고 두 손 모아 '조상님! 덕분입니다. 감사합니다.' 똑똑하고 신기한 컴퓨터 덕분에 행복했다. 순간적으로 사랑하는 아들을 힘껏 안아주지 못함을 장황하게 표현하여 메일로 전송했다. 나의 마음을 도닥여주는 간이역에는 자잘한 기쁨이 있어 참으로 행복하다. 컴퓨터에 익숙지 못함으로 생겼던 일들이 떠오르면 얼굴이 붉어진다.

요즘은 간이역에서 정보 검색을 하거나 실시간 뉴스를 읽어 보며 다양한 지식과 정보를 얻고 있다. 가입된 카페 목록에서 많은 회원들과 정보 나누며 즐거운 시간을 할애하고 있음에 즐겁다. 때론 카페 음악 다실에서 흘러나오는 옛 노래를 들으며 추억을 찾기도 하고 흥얼거리고 나면 기분이 좋아진다.

간이역에는 건강에 관심이 많은 나에게 든든한 주치의가 대기하고 있다. 마음이 우울할 때에는 관광명소를 찾아 떠나는 여행은 생소함과 감탄을 연발하게 해준다. 그리고 동창 카페 모임방에 찾아드는 친구들과의 수다는 많은 추억을 건져 올린다. 서로 비타민을 주고받으며 사랑의 엔도르핀을 전염시키고 있다.

멀리 떨어져 있어도 마음은 언제나 정겨운 친정 형제들도 간이역에서 자주 본다. 형제들 가정의 소식을 교환하며 집안 행사에 찍은 사진을 올려놓고 근황을 나누고 있다. 때론 추억의 보자기를 풀어놓고 주렁주렁 매달린 추억 고드름을 따 먹는다.

바쁘게 돌아가는 시계추 속에는 나의 인생이 흘러가고 있다. 간이역에는 생활상이 차곡차곡 정리되어 가고 있음에 행복하다.

오늘도 간이역에서 즐거움과 지혜를 찾아 손가락이 춤을 춘다.

벌초하는 날

이른 새벽 동녘 하늘을 바라보니 우중충하다. 남편은 손질한 예초기를 들고 나서며 서두른다. 준비한 성묘 제물을 상자에 포장하여 자동차에 싣고 나선다. 저 멀리 오름 둔덕에서 자손을 기다리는 조상님이 손짓하는 듯 산야가 푸르고 포근하다. 벌써 도로 양옆에는 자동차들이 많이 보인다. 마침 육지에서 근무하는 아들도 내려와서 흐뭇한 아침이다.

벌초伐草는 추석 명절을 앞두고 좋은 날을 택하여 나선다. 보통은 음력 칠월 보름이 지나면 시작해서 팔월보름 이전에 마쳐야 하는 일이다. 처서가 지나면 잡풀이 더 이상 자라지 않기 때문에 적절한 시기인 셈이다. 흔히 "제사는 지내지 않아도 남들이 모르지만, 벌초는 안 하면 남의 눈에 보인다." 는 속담처럼, 제사보다 더 중요한 의미를 벌초에 두었다. 때문에 벌초를 더욱 중요시한다는 말을 들으며 살아온다. 제주의 속담에는 "추석 전에 소분掃墳을 안 하면 조상이 덤불을 쓰고 명절 먹으러 온다."는 말이 있다. 어른들은 자손들에게 조상숭배의 정신을 이어가도록 적절한 시간에 조언을 해주며 가문 내력을 전해준다.

벌초는 연례행사로 특이하게 제주에만 벌초 방학이 있었다. 음력 팔월초하루 전후하여 있었다. 학생들도 벌초에 참여해서 조상의 뿌리와 중요성을 인지시킨다. 후대에까지 이어갈 수 있는 미풍양속이라 생각되었다. 언제부터인지 벌초 방학이 없어졌다. 시대가 급속히 변하며 벌초문화, 장례문화가 많이 변해가기 때문이다.

몇 년 전 일이다. KBS 생방송 〈전국은 지금〉 취재팀들이 벌초하는 가족을 찾아 나선 것이다. 어린이 다섯 명이 일손을 돕는 모습이 특이했던지 장비를 들고 다가왔다. 대가족이 벌초하는 광경을 생방송으로 진행하며 산소에 담을 쌓는 이유를 질문하였다. "묘지를 두르고 있는 돌담은 방목하는 말이나 소의 침입으로 인한, 봉분 훼손을 막기 위해서 만든 것이다."라고 대답했다. 그날 저녁에는 먼 곳에 있는 지인들로부터 여러 통의 전화를 받기에 바빴다. 생방송의 위력을 체험하며 즐거워하던 주인공들도 어른이 되었지만, 그날을 기억하며 벌초에 참여한다.

묘지 둘레가 사각형으로 돌담이 드리워진 조부모님 유택은 봉분을 나란히 모셨다. 마치 병풍이 둘러쳐진 듯 안온한 위치이다. 산담에 드리워진 잡풀을 제거하며 지나온 과거를 회상해본다. 시어머님이 일찍 병환으로 돌아가셔서 시댁에는 거친 풍파가 밀려와 힘들었다. 집안 애경사에 힘든 일이 닥칠 때마다 할머님은 나에게 큰 용기를 주며 덕담을 잘 해주셨다. 병원에 입원해 계실 때는 나의 손을 붙들고 "아기야! 살아생전에 못 도와준 일, 혼으로 도와주마."라는 말을 했다. 소중한 유언이라 가슴속에 묻어두고 있다. 나에게는 천연 비타민 덩어리인 듯 언제나 유효하다.

어느 해에는 시동생이 벌초를 하다 말고 웃었다. 비석에 새겨진 후손들의 이름을 보며 "나도 아들을 낳아야겠습니다." 하는 게 아닌가. 그 말을 듣는 순간 비법이 떠올랐다. 자손을 사랑하던 할머니의 목소리로 봉분 앞에서 입담을 해주었다. 다음 해 동생은 입담 덕분에 아들을 낳았다며 해마다 아들을 데리고 벌초에 꼭 참석한다. 조상님 음덕蔭德으로 자손들이 화목하고 건강한 생활을 하고 있다.

회색빛 하늘에 먹구름이 몰려온다. 벌초가 거의 끝나갈 무렵 비가 내린다. 조상님이 수고한 자손들에게 복비를 내리는 것 같은 느낌이다. 점심식사는 간소화되어 사촌 형제들이 순번으로 돌아가며 식당에서 대접한다.

큰형님은 집안 역사의 증인처럼 벌초하던 일을 회상하며 조카들에게 전해준다. 어린 시절부터 주손이란 숙명적 멍에를 짊어지고 태어났다. 소분하는 날에는 조부님 따라 머나먼 새벽길 나섰다. 오솔길을 걸어가면 툭툭 튕기는 돌에 발이 멍들고 다리가 아팠다. 할아버지는 긴 낫으로 봉분의 풀을 베고 덤불은 형님 혼자서 치웠다. 벌초가 끝나면 대나무 차롱에 담은 반지기 밥과 구운 생선을 펼쳐놓고 배려하였다. 그 시절 집에서 배불리 먹지 못하는 음식을 실컷 음복飮福하는 일은 꿀맛이라 피곤함이 사라졌다고 회한을 털어내신다.

형님은 시댁의 주손으로 앞으로의 벌초 문제를 의논한

다. 아버지 세대에는 선묘에 산담을 하고 비석 세우는 일을 정성스럽게 했다. 자손에게 떳떳한 일을 하신 것이다. 그런데 장례문화가 급속히 달라지면서 걱정이다. 주위에서는 봄이면 선조들을 가족공동묘지로 이장하여 모시고 있으니 걱정이 된다며 마음을 털어낸다. 부모님들은 정성들여 선산 묘지를 관리해 왔다. 일 년에 한 번 벌초하는 번거로움 때문에 이장하는 것은 송구스러운 일이다.

오늘도 산소에 벌초 다니면서 덤불이 무성한 곳을 바라본다. 담은 있지만 봉분이 이장된 묘들이 많이 보였다. 어느 산소는 봉분은 있지만 후손들이 벌초를 안 했다. 잡풀이 무성한 골총骨塚들은 점점 늘어날 것 같다. 그나마 벌초 대행업체들이 많이 생겨서 다행스럽다.

피곤함을 풀려고 사우나에 갔다. 찜질방에는 지인들이 벌초에 다녀온 이야기로 넘쳐난다. 앞으로의 장례문화, 벌초문화에 대해서 의견이 분분하다. 선산묘지에 벌초를 마치고 성묘하는 방법들도 가문가례마다 다르다. 궁극적인 것은 조상님을 위하는 마음이라 생각된다.

꿈의 대화

벚꽃들이 만개한 아침이다. 왕벚나무와 어우러진 유채꽃이 화려하여 눈부시다. 아름다운 도로에 선정된 표선면 가시리 정석비행장 주변이다. 화려함에 환호하는 순간 벌 나비가 다가온다. 구멍 숭숭한 돌담 사이로 뾰족이 내밀던 유채꽃이다. 보리밭 녹색 비단 물결이 희망을 담아내던 그 시절이 아련히 떠오른다. 농번기에는 경제 작물이었던 유채를 수확하는 날에는 어린 손이지만 큰 일꾼이다.

늦은 가을에 파종한 유채는 꽁꽁 얼어붙은 땅속에서 용틀임한다. 잡풀들과 어우러져 쑥쑥 올라왔다. 찬 서리가 남아 있는 초봄부터 밭에는 온 식구가 김 매기 작업을 하면서 경제작물이 많이 수확되기를 빌었다. 유채꽃이 필

무렵이면 어디선가 큰 트럭에 벌통을 가득 싣고 양봉 아저씨들이 찾아왔다. 마을 어귀에 와서 양지바른 유채 밭을 찾았다. 신작로에서 제일 큰 밭을 경작하는 부모님은 아저씨들의 요청을 해마다 들어준 덕분에 꿀을 실컷 먹었다. 그분들이 벌통을 일렬로 내려놓으면 동네 주민들은 모여들어 웅성거리며 봄의 활기가 생겨났다.

만발한 유채꽃이 향기를 뿜어내면 벌들은 노란 꽃가루 묻혀가며 입맛을 다시는 소리가 났다. 바람 없는 날이면 아저씨들은 까만 면사포 쓰고 채밀 작업을 한다. 너무도 신기하여 돌담에 기대어 구경한다. 벌통 밖으로 나온 벌들이 달려들어 부위를 가리지 않고 마구 쏘아 댔다. 눈물 콧물 범벅이 되면 아저씨는 따뜻한 꿀을 주면서 달래주었다. 때론 퉁퉁 부은 얼굴로 집에 가면 할머니는 화들짝 놀라며 처방전을 썼다. 따뜻한 오줌을 받아 벌에 쏘인 부위에 발라준다. "어릴 적에 벌침을 많이 맞으면 평생 건강이 보장된다." 하시며 다독여 주었다. 꿀 한 수저 입에 물고 스르르 꿈나라로 갔다.

유채 수확이 시작되면 학교 가기 전에도 밭으로 갔다. 일손이 모자라 새벽에 유채를 한 손 가득 잡고 힘껏 잡아당기는 순간 아찔했다. '아~야.' 새끼손가락이 휘말려

피범벅이다. 어머니는 얼른 돌담 옆 쑥을 찧어 동여 매어주었다. 새끼손가락에 상처 난 자국은 아직도 줄금으로 남아있다.

마른 유채는 장마가 오기 전에 종자를 털어 내야 한다. 후덥지근한 날씨와 맞물려 산더미처럼 쌓아 놓는 유채 더미 속에는 도마뱀이 튀어 오르고 달팽이나 지네도 많았다. 지금도 그때의 벌레들이 스멀스멀 기어오르는 것 같아 온몸이 오싹해진다. 양봉 아저씨들은 장마가 다가오면 벌통을 철거한다. 다른 꽃을 찾아 철새처럼 어디론가 떠났다.

보리 유채 수확이 끝나고 장마가 시작되면 집마다 검은 연기가 피어올랐다. 부엌에서 볶아내는 냄새에 군침이 돌았다. 고소한 미숫가루가 생기면 학교에 간식으로 가져갔다. 유채 기름으로 지져내는 음식 냄새는 온 동네를 달콤함으로 감싸 안았다. 어느 날부터 "유채 기름은 식용유로 사용하면 시력이 나빠진다."는 말이 나돌며 유채 재배 면적이 줄어들었다. 고향에는 새로운 농작물이 들어오며 당근, 감자, 무 주산지가 되었다.

농업교육장에서 유채 종자로 바이오 디젤유를 개발했다고 하니 새로운 희망이 보인다. 유채 파종을 기계화하고 거둬들이는 방법도 콤바인을 사용한다. 석유 한 방울 나지 않는 우리나라에서는 혁신적인 일이 아닐까. 에너지원으로 '바이오 디젤유'가 대체 연료로 성공하길 기대해본다. 미세먼지가 많은 요즘 더욱 친환경 대체 연료가 시급하다.

요즘은 화려한 유채꽃 장관을 관광지에서 볼 수 있으니 다행이다. 넓은 들판이 샛노란 물결로 출렁인다면 자연경관에 일조를 더하게 된다. 국내외 관광객들에게 영원히 남을 추억을 만들어 주리라. 서귀포 칠십 리 유채꽃 걷기축제가 펼쳐지는 올레길 행사에 많은 인파가 참가하여 자연을 만끽한다. 아름다운 추억을 배낭 가득 챙기는 모습에서 봄날의 정취가 물씬 풍긴다. 쪽빛 바다와 노란 유채꽃의 조화는 평화로운 지상낙원이 아닐까. 검은 돌담 사이 고개 구부린 유채꽃 무리에서 짝짓기하는 벌이 보인다. 발을 멈추고 숨 조이며 환영의 박수를 보낸다.

꿈 많은 소녀 시절 여수의 펜팔 친구에게 삼다도의 봄 소식을 맘껏 자랑했다. 여수 오동도 동백섬의 소식을 전해 들으며 나누던 사연들이 떠오른다. 미래의 희망을 나누던 그 시절이 그립다.

추억 여행

새들이 합창하는 상쾌한 아침이다. 처음으로 참가하는 문학기행에 기대가 앞장선다. 먼 하늘 먹구름이 몰려온다. 조그만 개미들이 줄달음친다. 유심히 바라보니 흙 지렁이 꼬리가 이끌려간다. 달려오는 회원들과 반가움으로 인사 나누며 들뜬 기분이다.

문학기행이라 문학가 선생님 네 분도 오셔서 너무 기쁘다. 참석하신 선생님 중에는 아동문학의 대가이신 김 선생님이 오셨다. 목례를 드리니 미소로 화답하고 서둘러 앞 좌석에 자리를 잡는다. 일정을 안내받으니 모두 즐거운 표정이라 목소리 톤이 높다.

출근길 복잡한 시내를 벗어나자 신록의 향기는 기분을 상쾌하게 전환시킨다. 안개가 자욱한 서부 관광도로를 달린다. 창가에 실지렁이가 꿈틀거려 마법에 빨려드는 기분으로 흔들린다.

목적지는 중문 관광단지에 위치한 아프리카 박물관이다. 달리는 차창에 큰 원을 그려보며 오늘 인연 있는 모든 것들과의 적절한 조화를 그려본다. 신록이 춤추는 중문 관광단지를 달리다 보니 천혜의 관광지임을 입증해준다. 큰 야자수 나무가 양팔을 지켜 세우고 우리 일행을 반기고 있는 게 아닌가.

박물관은 특이한 건축물로 관광객의 눈을 유혹한다. 아프리카 자료실 소장품전시실을 둘러보며 입구에 세워진 목조가면상에 마음을 빼앗겼다. 아프리카의 특색은 여러 부족이 함께 공동생활하면서 발전해 나가는 것이 가장 큰 특색이란다. 지하공연장에서는 아프리카 원주민들이 직접 공연하며 난장판을 벌이고 있다. 우리의 눈과 마음을 무대 위로 올려놓는다. 더불어 신명나게 손뼉치며 온몸으로 어울림 동작을 해본다. 세계는 하나! 라는 안내에 공연장은 더불어 춤추는 자리가 되었다.

다음 목적지를 향하여 버스에서 여흥을 털어낸다. 모두 서먹함이 사라지고 친근감으로 분위기가 맑음이다. 마침 옆자리에 김 선생님이 앉으셨다. 마음이 쿵덕쿵덕 뛰기 시작한다. 사십 년 전 제자로 돌아갈 수 있는 기회이다. 용기를 내어 추억의 문을 열어드리니 깜짝 놀라 하신다.

그 당시 선생님은 초등학교 3학년 1반 담임이셨다. 아련한 모습은 구령대에서 온몸으로 애국가를 지휘하셨다. 가을 운동회 때에는 호루라기를 힘차게 불며 달리기 선상에서 뛰어다녔다. 겨울 방학을 앞둔 학예회 발표날이었다. 무대에서 연극을 마친 어린이들을 호명하며 함성의 박수를 받았다. 멋진 양복이 곱슬머리를 더욱 우아하게 하였다. 그때 발표했던 연극은 〈풀잎 각시〉라고 했더니 어렴풋한 내용을 자세히 설명해주신다. 지난 추억에 흥분되어 주인공인 양 얼굴이 붉어진다.

〈풀잎 각시〉의 주인공은 나의 단짝 친구였다. 주인공을 너무도 하고 싶어서 출연자를 뽑을 때 마음 졸였다. 탈락한 서운함이 오랫동안 남았다. 그 시절에는 선생님 자녀들이 너무 부러웠다. 선생님은 연극 부원들을 데리고 제주 팀 대표로 서울에서 연극을 공연하고 갈채를 받았다. 제주 교육사에 큰 영광과 행운을 담아왔다고 자랑하며 그때의 추억들을 현실감 있게 펼쳐 놓으신다.

초등시절 나의 꿈은 연극배우였다. 그 시절에는 팔월 명절날이 가까워질 때면 동네 공회당에 가설무대가 설치되었다. 약장수라는 사람들이 방송을 하며 돌아다녔다. 저녁 시간에 공회당으로 나오면 재미있는 연극을 볼 수 있으며, 참석자에게 푸짐한 선물을 준다는 말에 할머니는 서둘렀다. 공부는 뒷전이고 지팡이 짚은 할머니 보호자가 되었다. 아이들은 입장 불가했지만, 용케도 비집고 들어가 할머니 옆에 앉았다.

공연단들이 떠나면 마을 공회당에서 동민화합 잔치가 열렸다. 노래자랑이 끝나면 개인 장기자랑도 있었다. 망설이며 무대로 뛰어나가 연기를 했더니 인기상을 받았다. 그때 내용은 처녀가 외간 남자와 순간적인 사랑에 빠져 우는 역이었다. 꾸지람과 매를 맞는 것이었다. 관객들에게는 박수를 받았지만 부모님으로부터 외출 금지 선고를 받았다. 그날 밤 이불 속에서 눈물로 밤을 지새우며 배우의 꿈을 접었다. 그 시절에는 왜 그렇게 연극을 하고 싶었는지 지나고 보니 허망한 꿈이다. 아득히 사라진 꿈이지만 연속극을 보거나 영화를 볼 때는 웃다가도 닭똥 같은 눈물을 펑펑 흘린다.

장맛비가 부슬부슬 내리는 날 멋진 선생님과 어릿광대의 우연한 만남은, 타임머신을 타고 추억여행 하는 기회가 되었다. 과거로의 추억여행은 다시 만들 수 없는 시간이다.

살다 보면 옛 추억이 보물이 된다. 언젠가는 오늘이 소중할 것이다. 도착지점으로 돌아오니 모두 피곤함이 역력히 보인다. 스승과 제자는 아직도 펼치지 못한 추억으로 아쉬운 얼굴이다.

2부

샐리의 법칙

귓가에 맴도는 북소리

온 사방이 찬란한 아침이다. 모처럼 형제들과 가을 사냥에 나선다. 연로하신 친정어머니 손 잡고 나서는 길이기에 즐겁지만 조심스럽다. 들녘에 너울대는 은발의 억새는 추억 만들기에 한 몫을 더해준다. 느림의 미학으로 사방을 둘러보며 선조들의 생활사를 찾아볼 수 있는 관광지 '선녀와 나무꾼'으로 향한다. 이곳은 아련한 추억 여행을 할 수 있기에 충분한 관광 명소이다.

벌써 많은 관람객이 북적거리며 웃음소리가 넘친다. 시대별로 진품들을 전시해 놓고 있어 신기하고 놀랍다. 추억의 영화관 앞에서 서성이다 흘러나오는 대사에 웃음이 터진다. 어머니에게 상황 설명을 해드리며 곳곳을 둘러보는데 커다란 뒤주가 보인다. 순간 묵직한 뚜껑이 열리며 비운의 누군가 고통스러운 모습으로 발버둥친다. 빨간 지네들이 기어나와 우글거리는 것처럼 보이고 큰 북소리가 귓가에 다가온다.

사도세자. 사도세자의 아내 혜경궁 홍씨가 『한중록』에 조선 시대 왕가의 일면을 기록한 일화를 배경으로 펼쳐지는 영화이다. 세자는 할아버지 숙종의 총애를 받으며 귀하게 자랐다. 할아버지가 전해주는 "강이 흐르고 넓은 평야가 끝없이 펼쳐져 있는 만주벌판 그곳은 어딘가?" 하며 장래의 꿈을 키워나간다. 또한 조선의 사대부와 백성들이 피를 흘릴 가치가 있는 곳이란 목표를 마음에 새겼다. 하지만 완벽주의 성향의 영조 임금은 아들에게 강압적인 교육을 시키며 타협을 하지 않았다.

대립되는 부자간의 대화는 평행선을 달리며 역사상 비극적인 가족사를 초래한다. 세자는 가족들과 소통의 부재로 공감대를 놓치며 방탕한 생활을 자초한다. 유교적인 풍습에 따라 엄하게 벌하는 세자의 현실은 불만으로 가득차고 왕실에서의 아버지는, 아들과의 소통에 앞서 자신의 체면을 먼저 생각한다. 아버지는 아들을 심하게 질책하고 광인으로 몰아간다. 세자는 억울한 마음으로 의지와는 다르게 반항심을 노출하며 원망을 품는다.

왕실의 법도와 왕자라는 신분에 묶여 자유를 갈구하지만 갇힌 삶, 묶인 삶을 살아간다. 얼마나 답답했으면 화살을 당기며 "허공으로 날아가는 화살이 얼마나 떳떳하냐!"라고 외칠까. 부자의 갈등은 관계를 더욱 악화시킨다. 급기야 하는 일마다 방탕한 생활로 보이는 세자에게 금주령이 내리고 독 안에 든 쥐 신세가 되었다.

사도세자의 뒤주 사건은 불신과 불통이 낳은 엄벌이었다. 평범한 아버지와 아들로 만났다면 더없이 떳떳하고 행복했을 인연이다. 그들은 당파 정치에 휘말리고 억울하게 희생되었다는 생각이다. 아들의 생과 사의 갈림길에서 비통한 이야기를 나눌 수밖에 없는 야속한 운명은 누구를 탓할까.

영조는 사도세자를 뒤주에 가두고 "나는 자식을 잡아먹은 아비로 남을 것이다. 넌 임금을 죽이려 한 광인으로 기록될 것이다. 이것은 너와 나의 운명이다." 하는 비통한 심정을 폭로하는 대목에서는 가슴이 터지고 애틋한 심정에 어깨를 들썩였다.

세자는 뒤주에서 몸부림치며 원망의 화살을 쏘았지만

여덟 번째 날 비운의 죽음을 맞이하였다. 피범벅이 된 세자의 손에는 아들의 태몽을 꾸던 날 용의 형상을 그린 부채를 움켜쥐고 있었다. 피투성이 된 아들의 맥박을 짚어보는 아비의 심정은 어떠하였을까. 솟구치는 분통에 눈물을 주체할 수 없어 처지를 바꿔 생각해본다.

세자의 아들 정조는 혜경궁 홍씨 어머니의 회갑연을 성대히 베푼다. 뒤주에서 나온 아비의 유품인 부채를 펴들고, 원한 맺힌 일들을 덩실덩실 춤으로 풀어낸다. 마치 혼을 달래는 진혼굿이라도 치르는 무당처럼 왕가의 슬픈 비애는 징소리 북소리에 소멸되어 간다. 사도세자가 뒤주에 갇히고 팔 일째 되는 날 승천한 것처럼, 그의 아들 정조는 어머니의 회갑연 축제일을 여드레 간 성대히 베풀었다. 끝나는 장면에서 분노조절을 하고 나니 어디선가 화해와 상생의 큰북소리가 귓가에 맴돈다.

요즘 정치권의 뉴스 보도를 보면서 〈사도〉 영화와 결부시켜 생각해본다. 아무리 좋은 취지의 정책이라도 국민과 진솔한 소통이 없으면 공감대 형성이 어렵지 않은가. 현실을 직시하고 파국으로 치닫는 비극을 초래하지 말아야 한다는 바람이다. 가정에서도 부모와 자녀들이 소통하고 공감하는 가운데 화목한 가정은 나라의 기둥이 될 것이라 여겨진다.

친정집 대청마루에 오래전부터 걸려 있는 색 바랜 가훈 '가화만사성家和萬事成'이 그리운 얼굴을 불러들인다. 마치 상서로운 푸른 양처럼 살며시 다가와 따스함을 전해주는 기분이다. 요즘 송년회 메시지를 받으면 지인들과 소통하며 불협화음은 없었는지 되돌아보는 시간이 많아진다.

애기 업은 돌

포근한 기온에 봄비가 내린다. 꽃샘추위에 웅크렸던 대지가 심호흡하는 것일까. 벚나무 우듬지에 뾰족이 올라오는 꽃눈이 벙글거리며 기분을 상쾌하게 해준다. 결빙되었던 땅속이 솜이불처럼 포근히 올라와 봄 마중하는듯하다. 사라봉 산책로에 운동하는 사람들의 표정이 활기차서 더불어 기분이 좋아진다.

갯내음이 봄기운으로 다가와 포근하다. 시원한 바다 검푸른 물줄기를 바라본다. 인공으로 매립해 확장하는 해안포구의 모습이 독특한 풍광으로 변화하고 있다. 자연의 신비함을 만끽하며 들숨 날숨을 토해낸다. 동쪽으로 오르는 가파른 능선에 초록치마 두르고 있는 바위가 있다. 하단에 '애기 업은 돌'이라 새겨진 글귀가 나를 유혹한다.

어릴 적 애기 업개* 친구들이 바다 물 위로 떠올라 손짓하는 듯 물결이 일렁인다. 커다란 팽나무가 마을 수장처럼 사방으로 펼쳐 있는 농어촌이다. 마을회관의 확성기가 새벽잠을 깨우면 경운기 소리도 가세하여 활기 넘치는 하루가 시작되었다. 새마을 운동이 한창이던 시절에 공부보다는 동생 돌보던 친구들이 많았다.

봄이면 바다 목장은 해경기다. 해녀들이 바다에 작업하러 가는 날에는 애기업개는 엄마 찾아 먼 길을 걸었다. 동생을 포대기로 단단히 둘러업어 바닷가로 향하는 길은 아주 멀었다. 흙먼지가 날리는 오솔길에 가축들이 풀을 뜯어 먹으며 언제든 달려들 기세였다. 돌담 옆으로 뱀이 뛰쳐나오면 '걸음아! 날 살려라.' 하며 죽도록 달렸다. 갯가에 당도하면 어머니는 해산물이 가득한 테왁망사리를 내려놓고 떼쓰며 우는 동생에게 젖을 먹였다. 때론 작은 소라를 구워서 허기진 배를 채워주었다. 미역귀를 구워주면 검불 불똥이 달라붙어도 맛있게 먹었던 일은 아련한 추억이다.

지난여름에 제주의 막내 섬인 비양도 해안선 따라 걸었

다. 천혜의 풍광과 해녀들의 자맥질 소리 들으며 과거로의 추억여행은 즐거웠다. 둘레길 오른쪽에는 크고 작은 신비한 기암괴석들이 많았다. 갯가 쪽으로 시선을 돌리니 아주 특이한 지형이 나왔다. 말로만 듣던 용암 기종이 무리를 이루고 있는 것이 아닌가. 비양도 북쪽 해안은 그 규모와 모양새가 다른 지역과 다르다. 매우 특이한 화산 지형 중의 하나로 학술적 가치가 높다. 제주의 천연기념물 제439호로 지정되어 보존 관리되고 있다. 그중에서 눈길을 끄는 형상은 '애기 업은 돌'이다. 옛날 구좌읍에 살았던 해녀들이 원정 물질하러 왔다. 어쩌다 보니 한 사람만 남게 되었다. 그 해녀는 아기를 업은 채 남편이 데리러 와주기를 기다렸지만 남편이 오지 않았다. 먼 한라산 쪽을 바라보며 소원을 빌다 화석이 되었다는 것이다.

이곳에서 전해지는 말에 의하면, 아기를 못 낳는 여자가 이곳에서 치성을 드리면 소원이 이루어져 아기를 낳는다는 실화가 전설처럼 이어져오는 곳이다. 그뿐만 아니라 주위에는 돌고래 형상 거북을 닮은 용암과 화산탄들을 많이 볼 수 있다. 기암괴석들 형상에 나름대로 별칭을 붙여 보니 인간과 자연은 하나라는 생각이다. 해안선 따라 걸어가는 사방은 뛰어난 풍광으로 가슴에 새겨진다.

비양도의 애기 업은 돌과 사라봉 산책로에 있는, 애기 업은 돌은 자매일지도 모른다. 그들은 모진 풍파 이겨내는 해녀처럼 다부진 역할을 다하고 있는 것 같다. 돌하르방은 곳곳에서 묵묵히 제주도를 지키고 있다. 애기 업은 돌은 여성의 설움과 애환을 치마폭에 감싸고 제주 바다를 지키는 수호신처럼 야무져 보인다.

애기 업개 친구들도 손주를 돌보는 할머니가 되었으니 바다 바람이 더욱 살갑다.

---

*애기업개(제주어): 아기 돌보는 사람을 뜻하는 제주어.

연분홍 우정

봄기운이 만연한 아침 햇살이 눈부시다. 까치가 날아와 베란다에서 푸덕거리며 지저귀는 소리가 명쾌하다. 반가운 일이 생길 것 같은 예감이다. 커피를 마시며 창밖의 풍경에 흠뻑 취해 본다. 마침 핸드폰에서 즐거운 멜로디가 울린다. 오랜 친구가 나비처럼 날아온다는 흥분된 목소리다.

친구는 고향을 등지고 객지에서 열심히 살아가는 1남 2녀의 엄마다. 가끔은 안부를 전하며 "축복받은 사람만이 고향에서 살아간다." 하며 고향 지킴이들을 부러워하는 정겨운 벗이다. 그 좋은 덕담에 언제든지 고향 오면 오름 산행을 약속했다.

내려온 친구와 오름의 여왕이라는 다랑쉬 오름으로 간

다. 구좌읍 중산간지대에 있는 동쪽에서는 제일 높고 아름다운 곳이다. 운전하는 옆에서 급하게 내려온 이유를 차분히 말해준다.

병상에 계신 어머니께 효도하는 일이라 달려왔다는 것이다. 그녀가 준비해 온 조그만 상자에는 다랑쉬 오름 근처에 있는 조부모님 산소에 올리는 음식이 들어 있었다. 친구는 정성껏 참배했다. 친정 형제가 없어서 평생 외롭다는 말에 가슴이 미어진다. 외로움 이겨낸 덕분인지 자상한 남편을 만났다며 아이들 자랑도 했다.

오름 초입 나무계단이 발걸음을 당겨주며 화사한 철쭉꽃이 반긴다. 친구는 오랜만에 산행이라 숨이 헐떡인다며 물을 찾았다. 피곤해 보이지만 산 위에서 불어오는 향긋한 바람에 환호성이다. 능선 곳곳에 뾰족이 올라오는 야생화들도 하늘거리며 눈을 유혹한다. 산야에 반사되는 하늘빛이 찬란하다.

봉긋한 오름 가슴을 내밀어 속살을 보인다. 백록담 깊이와 비슷하다는 분화구에는 크고 작은 자갈들이 나뒹굴어 울퉁불퉁하다. 4 · 3사건 당시에 삶의 터전이었던 밭이다. 달밤에 밭 일 했다는 이야기가 떠올라 주춤해진다. 휘영청 밝은 달이 분화구에서 쉬어 간다고 해서 '월랑봉'이다.

친구와 연분홍 추억들을 떠올리며 분화구 둘레를 걷다 보니 바다가 보인다. 동쪽으로 성산 일출봉이 손짓한다. 푸른 바다에 드러누운 소 형상의 우도가 지척이다. 사방의 경치가 선명하여 친구에게 "복 받을 일을 많이 했구나." 하며 덕담을 했다. 동부 지역의 해안선 따라 대형 풍력발전기가 풍력 단지의 위상을 떨치고 있다. 철탑이 우뚝 솟아 풍광을 밀치고 있지만 아름다운 곳이다. 변화무쌍한 세월에 서로를 쳐다보며 빛바랜 흔적을 찾았다.

친구는 해안가 마을에서 상군해녀의 딸로 태어났다. 일찍이 아버지를 여읜 외동딸이다. 봄이면 출가 물질 떠난 어머니 대신 할머니를 의지하며 학교에 다녔다. 할머니는 밤마다 한숨을 내쉬며 문단속을 확인하고 가슴을 쓸었단다. 4 · 3사건에 할아버지는 비참하게 돌아가셨다. 원한을 풀어내는 이야기는 끝이 없어 밤이 무척 두려웠단다.

험난한 세월을 등지고 어머니는 노환으로 요양병원에 계시다. 두 분이 지독히 외롭고 지친 삶이라 아등바등 살아왔다. 친구는 전철 밟지 않으며 살아가고 있는 것이 축복이란다. 소소한 일상이 행복하다는 친구에게 죄책감을 느꼈다. 사춘기 시절 친구는 할머니와 깨끗한 초가집에서 온갖 사랑을 독차지하며 살아가는 줄 알았다.

풍차가 유혹하는 월정리 해안 도로에서 사진을 찍으며 추억을 만들었다. 외국인이 많이 있는 커피숍에서 아름다운 풍경 보며 우정을 나누었다. 이제는 어머니가 떠나셔도 큰 여한이 없을 것이라는 말을 들으니 보람된 하루다. 친구의 긍정적인 마음에 희망이 보였다. 우뚝 솟은 오름은 사람들의 바람막이가 된다. 그녀에게 변함없는 우정을 눈빛으로 약속했다. 시간을 함께 나눈 덕분에 노을이 곱게 물들어간다.

유혹하는 호박

짙푸른 호박꽃이 활짝 웃으며 반긴다. 옥토 박토 탓하지 않고 무성하게 사방으로 줄달음치는 줄기들이 야무지다. 찜통더위와 기습성 폭우의 변덕에도 아랑곳없이 호박잎이 활개친다. 목 놓아 울어대는 매미 소리 들으며 신명 났을까. 파란 줄기는 텃밭 모퉁이에서 뻗어 나와 몽우리를 튼실한 호박으로 키워내고 있음이 기특하다.

벙긋한 호박꽃 속에 할머님 얼굴이 살포시 겹쳐진다. 언제나 종종걸음하였지만 상군해녀로 여장부다. 일본 대마도까지 원정 물질 다녀온 할머니다. 아담한 체구에 당찬 욕심으로 칠성판을 등에 지고 숨비소리* 내지르던 해녀다. 마을 신작로 어귀에 있는 큰 밭주인이다. 가정 경제를 짊어진 아낙이었다.

당신은 어렵게 외동아들을 두었지만, 그 아들은 여덟 남매 번성시키니 세상에 부러울 게 없었을까. 가끔은 먼 길에 있는 팽나무 그늘에 앉아 덕담을 늘어놓으며 너스레를 떨었다. "돈을 주면 손자를 살 수 있느냐? 사람이 재산이여!" 하였다. 동네 사람들에게 손주들 자랑하는 요즘 말로 손자 바보이다. 오직 자손이 잘되기만을 소원하던 할머니는 후덕한 성품이었다.

어느 해 여름 초가집 울담에 하얗게 꽃을 피운 이상한 박이 열렸다. 너무도 신기하여 무슨 호박인지 여쭈었다. 먹는 호박이 아니고 테왁을 만드는 박이라 한다. 신기한 박을 돌담 위로 올려놓고 가며 오며 손녀처럼 쓰다듬고 아끼셨다. 누렇게 영근 박을 따던 날 돌려보며 흡족해 하셨다. 동그랗고 단단한 박을 매달아 말리며 소중하게 간수하는 정성이 유난스러웠다.

어쩌면 후계자를 키우기 위한 준비가 아니었을까. 이듬해 할머니는 테왁을 만들어 매달아 놓고 임자를 기다리는 눈치셨다. 여름방학에 테왁 망사리를 준비해 놓았으니 바다에 다녀오라 말했다. 친구들이랑 헤엄치며 작은 소라를 잡고 있었다. 갑자기 불어오는 바람에 테왁은 바람 따라 불려 나갔다. 허우적대며 붙잡으려고 헤엄치다 보니 연거푸 들이마신 짠물로 기진맥진했다. 이상히 여긴 친구가 "사람 살려요!"라고 소리쳐서 어른이 달려왔다. 아버지는 바다에 가면 책을 모조리 불태워 없앤다고 야단을 쳤다.

꾸중 듣는 모습을 지켜보며 서운한지 할머니는 숨비소리를 연거푸 내쉬었다. 못내 아쉬운 듯 "여자는 바다에서도 상군, 육지에서도 상군"으로 살아야 여자 구실한다며 내 손을 꼭 잡았다. 그 후에도 밤이면 출가 물질 다녔던 곳을 떠올리셨다. 운 좋은 날에는 함지박만큼 큰 전복을 따서 일등 상군 했다는 일화를 늘어놓았다.

봄이 되면 출가 해녀들은 보리쌀이나 양식을 가져가서 돌아올 때까지 아껴 먹으며 살았다. 봄에 출항하여 팔월 명절이 다가오면 선물을 마련하고 귀향했다. 친정 이모님이 귀향하는 날이면 선물보따리에 눈독을 들였다. 사과 반쪽의 맛에 단물을 삼켰다.

돌담 위에 사력을 다하는 영근 호박이 자연을 품어 비타민A와 비타민C의 함량이 풍부하다. 셀레늄 성분이 많이 함유되어 독감을 예방하는 특효가 있다. 무성한 여린 호박잎은 거친 잎맥을 벗겨내어 쪄 먹으면 부드럽고 맛이 독특하다.

호박잎국 끓일 때는 큰 멸치로 육수를 낸다. 메밀 수제비를 동동 띄우면 별미이다. 호박속을 긁어내어 호박전을 부쳐 먹으면 영양만점 보양식이다. 황금호박 숭숭 썰어 놓은 시루떡은 눈과 입을 만족하게 한다. 늙은 호박은 산후조리에 푹 달여 먹으면 부종에 좋다. 임산부 있는 집에는 보물처럼 호박을 보관해놓고 순산을 빈다. 맛있는 호박은 호박씨를 따로 걷어내어 바싹 마르면 종이봉투에 보관했다. 이듬해 종자로 심는다. 버릴 게 하나도 없는 호박은 요즘도 인기 있는 다이어트 식품이다.

세계인의 보물섬 '제주 해녀 문화'가 유네스코 무형문화유산에 등재하기 위해 추진되고 있다. 상군해녀를 대물림하지 못한 손녀는 할머니께 송구스럽다. 숨비소리 내지르는 해녀들 덕분에 제주는 세계에서 주목받고 있다.

청명한 하늘에 고추잠자리 떼 지어 날아다닌다. 호박이 많이 열리면 자손이 번창할 것이라며 좋아하셨다. 누렇고 갑이 쩍쩍 벌어진 황금 호박이 미소 짓는 할머니 얼굴로 다가온다.

나는 손녀에게 무엇으로 내리사랑을 베풀까.

---

*숨비소리(제주어): 해녀들이 바닷 속에서 물질을 하며 참았던 숨을 길게 내뿜는 날숨소리.

은방울꽃 계단

아름다운 인연인가. 고재종 시인의 눈부신 시를 만났다. 제목은 「은방울꽃 계단」, '오솔길의 몽상 7'이라는 소제목이 붙어 있다. 풀과 나뭇잎을 갉아 먹고 사는 척확과尺蠖科에 딸린 나비의 유충인 자벌레 한 마리가 부지런히 몸을 움직인다. 나리과百合科에 딸린 다년생풀인 은방울꽃대를 재며 기어오른다.

시인 역시 오체투지하는 마음으로 서산 마을 개심사 돌계단을 오르고 있다. 개심사는 충남의 4대 사찰의 하나로 의자왕 14년(651)에 창건되었다. 고려 충정왕 2년에 처능 대사가 중건하면서 개심사로 개명한 고즈넉하고 유서 깊은 절이다.

인연의 굴레로 마음의 수천 계단을 헤며 쉬고 있다. 솔

숲 터져 부신 햇살 속에 자벌레가 쉬지 않고 은방울꽃대를 기어오른다. 개심사 불전으로 향하는 발걸음인가. 접고 펼 때마다 은방울꽃 초롱 하나씩 작은 소리가 울려나온다.

시인은 여태 마음이 무거운가 보다. 돌계단 딛고 오르고 올라도 정작은 염전에서 물을 퍼 올리는 수차水車를 밟아댄다. 얼굴 가득 땀으로 범벅되어 짜디짠 소금만 핥을 뿐이다. 자벌레는 무슨 환희 열린 마음이 있어 꽃대를 세우고 오르며, 은방울꽃 향기 한 초롱씩 퍼뜨리는가.

퍼뜨려선 지친 마음의 계단을 영롱한 이슬이 반짝이게 씻을지라도, 시인의 이름은 시시포스의 고역이라고 스스로 한탄한다. 시시포스는 그리스 신화에 등장하는 한 나라의 왕이다. 그는 병에 걸리자 자신을 죽음의 세계로 데려가려는 헤르메스를 잡아서 감금시켜버린다. 때문에 영혼을 저승으로 인도하는 사자인 헤르메스가 일을 못 하게 된다. 황급히 저승으로 가야 할 사람들이 저승으로 가지 못하고 계속 살게 되는 혼란이 발생한다. 그러자 분노한 제우스신이 그를 붙잡아서 산 위에서 바위를 밀어올리는 형벌을 내린다. 정작 바위를 산의 정상에 올리는 순간, 바위는 다시 아래로 굴러 떨어져버린다. 시시포스는 인간 세계의 끊임없는 고통을 상징하는 형벌인 '시시포스의 고역'을 반복하게 되었다.

그래서인가 나뭇잎인지 나무 그늘인지 이윽고 보이는 것조차 비몽사몽이다. 시시포스가 바위를 산꼭대기에 올려놓기 직전처럼 은방울꽃대가 반달로 휜다. 그 순간은 방울꽃 초롱 죄다 흔들리고 주위에 향기란 향기는 자욱하다. 웬걸, 뜻밖에도 맨 끝의 은방울꽃을 부여잡고 땅으로 나뒹구는 자벌레의 허무함 시시포스도 그랬으리라. 그 안쓰러운 마음 계단엔 모든 것들이 절망으로 바르르 떤다. 이 막막한 원점 그러나 다시 앞으로 나아가기 위한 마음의 다짐은 희망이다.

쳇바퀴처럼 빙빙 돌아가는 일상이 때론 힘들다. 바쁜 와중에 다니고 있는 불법 도량 신도회에서 일일 사찰순례 행사이다. 모든 근심, 걱정은 집에 놔두고 설레는 마음으로 동참한다. 참석한 도반들의 모습은 행복으로 가득 차 보인다. 목적지를 향하여 달리는 버스에서 초발심으로 합장한다. 가슴에 새겨진 서원을 발원하며 일정을 듣는다.

가녀린 빗방울이 실지렁이처럼 차창을 기어 다닌다. 검푸른 바다의 풍광은 쓸쓸하지만 어울림이 분출되는 듯 기쁨이 솟아난다. 한림공원에 첫발을 내디뎠다. 자연의 풍광을 사랑한 선각자가 십만 여 평의 황무지 모래밭에, 야자수 씨앗과 해송을 심고 인간의 혼을 심었다. 울울창창한 수목이 후줄근히 비에 젖는다. 웃음이 넘쳐나는 우리는 자연과 더불어 활짝 핀 꽃이 되었다. 한라산을 솟아나게 하려고 땅속으로 흐른 용암 흔적이 남아 있는 쌍용동굴 안으로 들어선다. 천장에서 차가운 물방울이 뚝뚝 떨어지는 굴속을 더듬으며 태고의 신비를 바라본다. 자연의 생태계가 살아있다.

일행들은 점심 공양을 하고 산방산으로 향한다. 산방산은 본래 한라산 정상인데 화산이 분출하며 뽑혔다는 이야기가 있다. 한라산의 방산方山이라는 뜻으로 산방산이라는 이름이 붙여졌다니 신기하다. 그 후 한라산 정상에 흰 사슴이 목을 축이는 산정호수가 생겨나서, 백록담이 되었다는 전설이 있다.

산방산에는 산방사, 보문사, 적멸보궁인 산방굴사가 취병암翠屛巖 깊이 안주하고 있다. 돌계단으로 이어지는 산방굴사 부처님을 친견하기 위하여 '반야심경'을 암송하며 쉬엄쉬엄 올라갔다. 마치 자벌레들이 온힘을 다해 올라가는 모습이다. 저마다 가슴에 지닌 원력이 한 계단 한 계단에 솔향처럼 번진다. 해송 사이로 보이는 잿빛 바다는 평화롭다. 해수관세음보살님의 치맛자락인가. 시시포스의 고역인 양 땀을 쏟으면서도 조상님의 극락왕생을 염불하고, 가족의 건강을 발원한다. 산방굴사 천장에서 떨어지는 물방울들도 은방울꽃 향기처럼 맑다.

산방산을 뒤로하며 대평리 바다를 찾았다. 주상절리柱狀節理는 마그마가 냉각하며 응고하는 동안 부피가 수축하여 생겼다. 다각형 기둥 모양의 암반巖盤이다. 대칭으로 탑을 이룬 맥반석 바위는 볼수록 신기하다. 심안으로 달려가 나의 자리를 찾아서 앉아본다.

세찬 파도에 수수만년 한곳에 머물러 있어야 하는 주상절리는, 고행의 삶을 살아가야 하는 시시포스의 운명처럼 보인다. 그 바위들은 바다를 이긴 고역이기에 제주도가 보물섬으로 존재하며, 수많은 관광객을 불러들이고 있다.

비록 미물이지만 은방울꽃대로 향한 자벌레가 오체투지로 기어오른다. 숲을 은방울꽃 향기로 가득 채운다. 육바라밀을 실천하는 불자의 소망을 품어본다.

샐리의 법칙

몰려온 먹구름이 강풍을 동반한다. 일부 항공편이 결항한다는 보도에 걱정이 앞선다. 전국 생활체육 연합으로 제주에서 '전국여성 배드민턴 대회'가 개최되는 날이다. 분주히 준비하고 거울 속의 나에게 파이팅! 주먹을 불끈 쥐며 활짝 웃어본다. 대회를 앞두고 파트너와 연습은 많이 못 했지만, 최선을 다하리란 결심을 하며 경기장인 체육회관으로 나섰다.

벌써 각 시도에서 참여한 여성회원들의 발랄한 모습에 정겨움이 펼쳐진다. 건강한 여성들의 활기찬 모습은 나라와 가정에 활력을 넘치게 할 것이다. 개회식이 진행되었지만, 기상악화로 불참하는 선수들이 많이 있어서 주변이 술렁인다. 그동안 얼마나 기다린 대회인가. 더구나

타 지역의 회원들은 대회참석 겸 여행 목적을 두고 오는 분들이 많다는 말을 듣고 기대감에 부풀었다.

개회식이 끝나고 경기 대진표를 파악하였다. 출전 회원들과 응원의 함성을 지르며 파트너의 손을 마주 잡았다. 요즘 들어 왼쪽 다리가 아프다는 파트너에게, "우리는 참가 하는 데 이의가 있다."라며 너스레를 떨어본다. 본부석에서 출전하라는 선수 호명에 불안한 마음이 달려와 나만의 묘책을 궁리한다. 그 순간 '샐리의 법칙'이 떠오른다. 샐리의 법칙은 좋은 일이 연달아 일어날 것 같은 예감이 든다는 행운의 주문이다. 나의 최면술이고 때론 방책이다. 또한 불안이 요동칠 때는 조용히 불러보는 숨겨 놓은 호신술이다.

우리의 첫 경기 대진표는 대구에서 참가하는 선수다. 본부석에서 출전 선수를 호명했으나 불참이다. 두리번거리고 있는데 강풍주의보 때문에 일부 선수단은 불참이라 안내한다. 마침 불참한 선수가 우리의 상대여서 기권승으로 명단을 제출했지만 미안한 마음이 앞섰다.

두 번째 경기는 지난번 대회에서 쉽게 이겼던 팀이라 반갑게 악수를 하며 출전했다. 파트너와 여유로운 눈짓으로 서로 격려하고 최선을 다짐했다. 그러나 초반전부터 점수는 뒤지고 파트너의 실수가 아쉬웠다. 순간 헐떡이는 가슴을 짓누르고 나의 자만심을 탓하며 부끄러움에 땀만 흘린다. 코트를 나오며 상대방 선수에게 "실력이 대단해요. 너무 잘하시네요." 하는 칭찬의 말을 아끼지 않았다. 허탈한 마음으로 쉬고 있는데 2승 한 선수들이 우리를 찾아왔다. 집에 갑자기 바쁜 일이 생겨서 시합을 포기한다며 기회를 넘겨준다. 우선 명단을 접수하고 3승에 도전하여 승리하라고 덕담까지 덧붙인다.

결승에 진출하는 시간은 지루해서 떨린다. 파트너에게 "최선을 다하자! 분명 행운의 여신이 함께하는 것 같다." 라며 긴장된 마음을 다독였다. 결승 경기에 출전한 선수들은 지난번 대회에서 큰 점수 차이로 패했던 팀이다. 몇 번의 고비가 있었지만 후반에 상대편이 계속 실수하며 뒤처진다. 상대는 점점 거칠어졌고 스매싱이 약해져서 우리가 이겼다. 샐리의 법칙을 떠올리며 최선을 다한 결과 2점 차이로 간신히 승리했다.

단상에 올라가 우승자 명단을 접수할 때의 기분은 훨훨 날고 싶었다. 승리의 여왕은 관중의 부러움을 받으며, 시상식에서 우승 상품으로 멋진 운동복을 받았다. 응원해 준 회원들 요청으로 즉석에서 착복식 하고 멋진 자세로 회원들과 추억을 만들었다.

경기가 끝나고 폐회식에서 경품추첨 시작이다. 참가자들은 한 장씩 받은 번호를 바라보며 당첨이 되면 함성을 지른다. 그 순간 들뜬 마음으로 '오늘 우승한 것으로 감사하고, 만족합니다.' 하는 생각을 하는데, 귀에 들리는 소리 분명 나의 번호다. 얼떨결에 뛰쳐나갔는데 MVP 당첨이다. 사회자가 소감을 묻는 순간, 마음속에 품고 다니는 샐리의 법칙 덕분이라며 수줍게 자랑하였다.

회원 단합대회 회식을 하며 누군가 나에게 튼튼한 다리가 부럽다는 말을 한다. 뚱뚱한 다리가 놀림감이었는데 튼튼한 다리로 변신하다니 세월의 훈장인 듯하다. 그 순간 스치는 사연이 고개를 쳐든다. 초등학교 때부터 부엌에 있는 물 항아리 속 채우는 일은 나의 당번이었다. 물지게를 지고 다녔기 때문에 다리통이 굵어졌다는 서글픔은 성장하면서 핑계가 되었다.

어느 날에는 이른 아침에 아버지 따라 바닷가에 내려갔다. 원담으로 사람들이 몰려들고 있었다. 밀물에 들어와서 썰물에 빠져 나가지 못하고 퍼덕이는 멸치를 잡는 데 거들었다. 많이 잡아온 싱싱한 멸치를 마른멸치로 만들어 밑반찬으로 자주 먹은 덕분에 튼튼해졌는지 모른다. 어려운 시절 추억들이 스쳐가니 감사한 마음이다. 건강한 몸은 자연과 부모님이 물려준 좋은 유전자다.

봄이면 어디선가 날아온 제비들이 처마 밑에 둥지를 만들고 새끼를 낳았다. 어미가 먹이를 물어다 재잘거리는 새끼의 노란주둥이에 넣어주었다. 그 모습을 지켜보며 한숨 쉬던 아버지의 모습이 그립다. 밥상에 음식을 밀고 당기던 자식들이 모두 둥지를 떠나고 빈 둥지만 지키는 어머니께 오늘의 우승 결과를 자랑하고 싶다.

언제나 최선을 다하다 보면 행운이 다가온다. 샐리의 법칙은 마음에 품고 다니는 나만의 부적이며 나의 수호신이다.

불턱의 꽃

잔잔한 물결이 일렁인다. 해수면에 따스한 햇볕이 드리우면 바다는 해조음을 연주한다. 해안가 마을은 해경기가 되면 활력이 생기며 갯가에 희망이 솟아난다. 이른 새벽 불어오는 바람 방향에 해녀들은 동분서주한다. 척박한 땅 일구며 조상님을 정성껏 모신다. 자식들 뒷바라지에 최선을 다하는 그들은 제주 땅의 주춧돌이며 원동력이다.

아지랑이 피어오르던 유년시절 떠올리며 걷다 보니 사랑방 같았던 불턱이 손짓한다. 구멍 숭숭한 돌담으로 둘러싸인 그곳은 거친 풍파에도 바람을 걸러내며 서로 껴안고 다독인다. 세월의 무게를 견뎌낸 강인함이 돌담 틈새에 소금꽃처럼 피었다. 시댁 동네의 불턱은 보존이 잘

되어 있어 무척이나 반갑다. 야무진 돌담 사이로 지난날 추억들이 꿈틀거린다.

해풍이 불턱 언저리 스치는 음력 이월 초순이면, 바람의 신이며 다산의 여신인 영등할망이 온다. 바닷속 용궁을 관장하는 여신은 서쪽 해안마을 한림읍 귀덕리 갯가로 들어온다. 보름 동안 제주바다에 해산물 씨앗을 골고루 뿌린다. 두루 돌아다니는 시기에 해녀들은 정성껏 준비한 음식과 지전紙錢으로 영등맞이 정성을 올린다. 영등할망이 나갈 때에는 물살이 거칠고 빠른 우도에서 송별제를 치른다. 올 봄 우연히 우도 면사무소 앞마당에서 송별제 지내는 모습을 보며 감동하였다. 축제처럼 덩실덩실 춤추는 그곳에서 그들과 함께 나라의 안녕과 제주섬 곳곳의 풍년을 기원했다.

음력 삼월이면 수온이 상승한 바다는 풍년이다. 음력 삼월 보름 물지는 연중 바닷물이 최고로 빠진다. 이때 어른들은 "부지런 부자는 하늘도 못 막는다."는 말을 한다. 바다에 미역이 풍년이면 들녘 고사리밭에도, 밭농사도 풍년이 든다는 말을 흔히 하고 있다.

유년 시절의 불턱은 공동체 생활을 공유하는 장터 역

할을 했다. 불턱에 불길이 타오르면 마을의 소소한 일들이 펼쳐졌다. 산아제한이 없던 시절이라 임신한 산모들도 많았다. 제사 지낸 집에서는 퇴물음식을 나누어 주며 인정을 베풀었다. 이제 그곳은 새로운 '해녀 탈의장'으로 변모되어 편리한 시설을 갖추었다.

예전의 해녀들은 마을의 발전을 위해 의논하고 결정하는 중책을 갖고 있었다. 공동 작업으로 채취한 미역이나 천초(우뭇가사리)를 판매하여, 학교나 마을 발전기금으로 내놓고 곳곳에 앞장섰다. 마을의 해녀 회장은 언변이 좋고 지혜로워야 한다. 미역이나 천초를 해제하는 날에는 이웃 동네와 바다 어장 지선에서 다툼이 빈번했다. 출렁이는 물살이 혼선을 일으켜 상군들이 앞장서서 경계를다툰다. 간조기가 지나면 언제 그랬냐는 듯 싸움이 마을에서 이어지는 일은 없었다. 모두 '이웃사촌, 삼촌문화' 덕분으로 사이좋게 해결한다.

큰 불턱 옆에는 할머니해녀와 초보(학생)들을 배려한 작은 불턱이 있었다. 그곳은 꿈이 피어나는 곳이다. 그 시절 해제하는 날은 학생들을 배려하여 거의 주말에 미역이나 천초를 채취했다. 동네 소임 아저씨가 호루라기를 불면 너나없이 물속으로 뛰어들어 자맥질한다. 상군해녀는 초보에게 물숨 참는 법을 말해 주기도 하고, 채취한 물건을 망사리에 두세 번 넣어주며 용기를 주었다. 해녀들만이 물속에서 베풀 수 있는 나눔의 손길 게석* 인 것이다.

모든 해녀들은 서로 돌보며 자맥질하고 시간을 정하여 채취한 물건은 공동 분배하였다. 그러기에 학생들은 용돈을 벌 수 있는 유일한 수단으로 테왁 망사리를 미리 챙겨 두었다. 고교 시절에도 조문 날에는 조퇴를 하고 바다로 달려갔던 일이 혼자만의 추억은 아니다. 요즘의 아르바이트인 셈이다.

작은 불턱에서 상군해녀란 호칭을 받은 일이 있다. 초등학교 오학년 여름 방학 때이다. 태풍이 휩쓸고 지난 뒤였다. 해녀들이 캐어낸 소라 전복 등은 상인이 구매하여 커다란 망사리에 담고 바닷물속에 보관하였다. 물건을 수협에 납품하던 때이다. 태풍이 지나고 뙤약볕이 내리쬐던 날 친구와 바다에 헤엄치러 갔다. 테왁을 짚고 보말을 잡으며 구멍을 살피고 있었다. 큰 바위 틈에 커다란 전복이 세 개나 있는 게 아닌가. 손으로 만졌더니 꿈틀거렸다. 온 힘을 다해 조심스럽게 떼어내고 조그만 망사리를 가득 채웠다. 친구는 먼저 물 밖으로 나가고 혼자서 추운 줄도 모르고 마음이 부풀었다.

멀리서 자맥질하는 어머니를 불렀다. 다가온 어머니는 커다란 전복을 보며 상인이 담가놓은 전복망사리가 태풍에 없어져서 난리다. "네가 전복을 3개씩이나 찾아서 재수가 좋구나." 하며 상군불턱으로 데려갔다. 달려온 상인은 찾아줘서 너무 고맙다며 천오백 원을 사례금으로 주었다. 옆에 있던 삼촌들이 나를 상군해녀라 부르며 손벽을 쳤다. 그날 횡재한 거금으로 5학년 2학기 수련장을 사서, 친구들에게 빌려주며 그 일을 자랑했다. 바다는 황금을 건져 올리는 비밀스러운 곳이기에 그 시절이 언제나 그리운 이유이다.

불턱에서 입술을 벌벌 떨며 검불을 지펴 쬐던 꽃다운 친구들이 그립다. 친구 중에는 현직 마을 해녀회장을 하며 진두지휘하고 있는 상군해녀가 있다. 가끔 만나면 불턱의 꽃이라 부르며 우정을 나눈다. 나의 꿈은 아직도 저 물이랑 속에서 출렁거리며 자맥질하고 있는 듯하다. 고향바다는 내 안의 요람이며 추억의 보금자리이다.

해녀들 숨비소리 들으며 피어난 순비기꽃이 활짝 웃는다.

---

*게석(제주어): 초보해녀나 고령해녀를 위한 배려로 상군해녀가 해산물을 나눠주며 도움주는 일.

3부

연꽃의 속삭임

웃음의 마력

"웃음은 사랑의 시작이다." 라디오에서 흘러나오는 진행자의 유머에 온몸이 뜨거워지며 입가에 미소가 번진다. 상쾌 유쾌 통쾌하게 웃으면 쾌감 호르몬이 분비되어 밝은 얼굴로 건강하다. 여자들이 남자보다 더 오래 사는 이유 중 하나는 여성들이 잘 웃기 때문이다. 감정이 풍부해서 감정순환이 빠르기 때문이라는 말이다. 귀여운 손녀를 떠올리며 까르르 소리 내어 웃어 보니 기분이 밝아진다.

여성주간이라 여러 단체에서 워크숍 행사가 있다. 많은 봉사 단체들이 참여하는 한마음대회 개회식과 시상식이 거행된다. 부지런한 여성들의 활발한 모습은 식이 거행되는 동안에도 적극적이다. 서로 축하하며 건네는 인사가 그동안의 노고를 칭찬하며 행복을 나눈다. 이어지는 강의에 기대를 걸면서 자리를 정리한다.

달려 나온 웃음치료사 선생님은 생활한복 곱게 입고 하얀 고무신 신은 남자선생님이다. 날씬한 몸매와 목소리가 여성스러워 우습다. 웃음보따리를 낙하산처럼 활짝 펼쳐질 것 같은 태세로 압도한다. 다 같이 강사님이 유도하는 동작 따라 온몸 근육을 만지며 긴장을 푼다. 눈치도 볼 필요 없이 양쪽 입꼬리를 귀에 걸어 놓고 근심, 걱정은 후딱 던져버려라. 크게 "하하하, 호호호." 모두 혼연일치다. 웃음 발산 동작에 따라 박장대소 동작을 하며 적시적소에 양념을 쳐준다.

"여러분! 치매 예방법을 미리 익혀야 치매가 안 걸리는 것 맞죠."

"네, 맞아요."

우선 양쪽 손가락을 번갈아가며 접고 폈다 반복시킨다. 엇박자로 나가는 사람은 일어서기를 하는데 생각보다 쉽지 않다는 아우성이다. 선생님은 더욱더 신나는 모양인지 몇 가지 동작을 선행하며 유도한다. 모두들 웃음파도 타고 출렁출렁 살아있는 몸부림이다. 웃음의 효과에 대해서 진지한 언어 전달을 하며 요술을 부린다.

‘웃음의 효과’는 신이 인간에게만 내린 축복이다. 인간은 생존과정에서 스트레스를 자주 경험한다. 웃음은 암도 물리치고 병균을 막는 항체인 ‘인터 패론 감마’의 분비를 증가시켜 바이러스에 대한 저항력도 키워준다. 웃을 때는 ‘엔도르핀’ 호르몬이 분비되기 때문에 인체의 면역력을 높인다. 감기와 같은 감염 질환은 물론 암과 성인병을 예방해준다. 한번 웃음은 에어로빅 5분 효과와 같다. 웃을 때는 배꼽을 잡고 온몸으로 웃는 것이 보약이 된다.

앞뒤로 초면의 짝지 등을 두들겨주며 옆자리 친구의 겨드랑이를 간질인다. 얼굴 근육이 부드러워지고 배꼽이 아프다. 웃음바다에서 노를 젓고 나니 모두가 한마음으로 방글방글 웃으며 땀을 쓸어내린다. 실컷 웃으면 변비가 생기지 않으며 날씬한 몸매를 유지한다는 선생님은 여성보다 더욱 유연하다.

여러분들에게 마지막으로 큰 선물을 드립니다. 마음의 문을 열고 입안을 벌려요. 아침에 일어나면 거울 앞에서 흐~ 응! 하고 잘난 척하세요. 입 꼬리를 치켜 올리고 눈과 입술을 쳐다보며 웃는 연습을 하세요. “우리는 행복하기 때문에 웃는 것이 아니고, 웃기 때문에 행복하다. 는 윌리엄 제임스의 명언을 가슴에 저장하세요.” 웃을 때 가장 아름답다는 말을 하며 단상을 내려가신다. 회원들과 더불어 힘찬 박수로 보낸 시간은 어떤 시간보다 재미있고 유익하여 스트레스를 날렸다.

무더운 날씨에 정든 이들과 헤어지며, 손을 흔드는 순간 피식 웃음이 터져 나온다. 아련히 잊혀가는 고교시절 추억이다. 교련 시범학교로 지정되어 제식교련을 받는 시간은 고역이었다. 여름방학이 끝나면 뙤약볕이 앙탈 부리고 흙먼지가 풀풀 날리는 오후는 긴장감이 돌았다. 점심시간이 끝남과 동시에 "운동장에 집합" 안내 방송은 교련선생님의 근엄한 목소리였다.

검정 안경으로 콧날을 세운 교련 선생님 별명은 힘찬 독수리이다. 하얀 장갑에 호루라기 불며 호령한다. 너나없이 숨을 죽이고 교련복 매무새를 바로잡았다. 사열 종대를 외치며 앞뒤로 얼굴을 빤히 쳐다본다. 선생님의 훈시에 혹시 찍혀 들지나 않을까 조바심에 정적이 감돈다. 교련시범 발표를 앞두고 마지막으로 점검하는 날이다. 모두 긴장된 순간 선생님은 큰 소리로 "헤쳐 모여."라고 했다. 구령소리와 동시에 굴속 터널의 허연 콧물을 독수리처럼 잽싸게 빨아들인다. 그 순간을 포착한 짝지와 눈이 마주친 우리들은 큰소리로 웃기 시작했다. 선생님은 회초리를 올리며 갑자기 웃는 이유를 밝히라고 했다. 친구와 나는 멈출 수 없는 웃음 때문에 고개를 들지 못하고 실성한 듯 웃었다.

화가 치솟은 선생님은 우리에게 회초리를 들어 올리며 성난 독수리처럼 앙칼졌다.

"다시 대답 할 기회를 준다. 하나 둘 셋."

목소리가 쥐구멍으로 들어갔다. 웅성거리는 친구들도 우리 때문인지 단체 기합을 받았다. 짝지와 나는 교무실에 불러가서야 용기 내어 이유를 말했다. 듣고 계시던 선생님들이 박장대소하며, "바람에 낙엽이 굴러도 웃고, 소똥을 밟아도 웃는 나이가 맞네." 하시며 담임 선생님은 꿀밤을 튕겼다.

철없던 시절 뒹구는 낙엽을 보며 배꼽 잡아 웃던 말괄량이 소녀들은 어디서 어떻게 지내고 있을까? 세월의 강 넘어 어느새 손녀 재롱에 깔깔 웃는 손녀 바보가 되어간다. 오늘따라 실없는 웃음으로 추억을 공유하던 천덕꾸러기 동창들이 그립다. 웃음은 천연 보약이다. 최고의 명약은 억지로 웃어도 뇌의 신경계는 '엔도르핀'을 발산 한다. 건강한 생활을 위해 마음껏 웃어보리라.

오일장

보슬보슬 봄비가 내린다. 만물이 달콤한 비를 맞으며 한껏 부풀어 올라 벙글거리며 춤춘다. 고운 옷 차려입는 들녘의 풀꽃들이 나비처럼 어른거리는 오후다. 향긋한 봄기운을 찾는 사람들이 달려갈 것 같은 오일장으로 나선다. 가로수 왕벚나무 우듬지에는 물오른 팥 방울이 덕지덕지 붙어 있어 아가 주먹손처럼 예쁘다.

제주민속 오일장 주차장에서 바라본 '할머니 장터' 손짓하는 무언의 반가움이 달려 나온다. 봄나물이 고개를 쳐들고 할머니 손에서 되살아난다. 달래, 쑥갓, 시금치, 냉이, 푸성귀를 사며 입맛을 다셔본다. 밭에서 직접 캐어 가져왔다는 할머니와 흥정하며 채소에도 생명이 있음을 느끼는 순간이다.

도민들과 관광객들로 북적북적 삶의 활력소가 넘쳐난다. 전국에서 손꼽히는 오일장이다. 싱싱한 과일들이 좌판 위에서 특유의 향기를 발산하고 계절을 무감각하게 만든다. 제철 과일이 아닌 종류들도 많이 즐비해서 눈이 휘둥그레진다. 구수한 냄새에 따라 가다 보니 뻥튀기 기계음에 한 발짝 물러선다. 순간 어릴 적 동네 개구쟁이들이 불쑥 나타나 사방으로 튀었던 강냉이를 주워 먹던 모습이 떠오른다.

많은 사람들이 간식코너에서 기웃거리며 주전부리에 행복한 얼굴이다. 호호불며 먹는 찹쌀호떡에 군침이 돌았지만 필요한 물건 구입을 찾아다닌다. 몸(모자반)국을 끓이려고 찾다 보니 커다란 비닐봉지에 수북이 쌓아 올린 해초류를 찾았다. 색도 짙푸르고 줄기도 매끄러워 품질이 좋다 하며 주인아주머니는 나의 발목을 잡았다.

오후 시간이지만 생선가게에 싱싱한 고기들이 눈을 부릅뜨고 쳐다본다. 커다란 황돔을 흥정해 보기도 하고, 지인이 운영하는 가게에서 제주산 옥돔을 구입했다. 요즘에는 중국산 옥두어가 더 잘 팔린다며 가격과 맛 차이를 비교해준다. 바싹 마른 멸치에 주춤거리다 가자미 몇

개를 더 샀다. 아직도 번쩍이는 싱싱한 갈치를 보니 황금 호박이 떠올라 군침이 돈다.

휘휘 돌아나오는 길모퉁이에 가축 장터가 보여 다가갔다. 깽깽거리는 복슬강아지들 포동포동 귀여운 회색빛 토끼에 손 내미는 아이를 보니 과거의 내 모습이다. 어릴 적 고향 집에는 가축을 많이 키웠다. 외양간에는 말과 소가 큰소리 내질렀다. 병아리들은 마당에 떨어진 곡식이나 벌레 잡아먹으며 뒤뚱거렸다. 아침마다 장닭이 홰치는 소리에 일어나 마당을 쓸고 강아지 밥그릇에 먹이를 챙겨주었다.

마당 뒤쪽에는 돼지 통시(우리)가 두 군데나 있었다. 음식물 찌꺼기와 인분을 고스란히 처리해준 곳이다. 큰 통시에는 배가 불러오는 어미 돼지가 먹이를 찾아서 아우성 지르며 돌담을 무너뜨렸다. 어미는 혼자 배불리 먹지 않았다. 모성애가 있었다. 그걸 모르고 소리 지르지 못하게 막대기로 두들겼다. 어미돼지는 새끼 낳을 시기에는 사납다. 보리 짚을 푹신하게 깔아주고 먹이도 충분히 주었다. 할머니는 숨죽여 살펴보다 돼지새끼가 보이면 먼 올레에 정낭을 걸쳐 놓아 정성을 다했다.

혹시라도 새끼 날 때 부정한 일이 생기면, 어미돼지는 흉보아서 새끼들을 낳아놓고 모조리 잡아먹는 심술을 부렸다. 어느 날 그런 일을 모르던 나와 남동생은 이상한 소리에 다가갔다. 한 마리 두 마리하며 바라본 것 뿐인데 일곱 마리의 새끼가 죽어갔다. 부모님께 꾸지람 들으면서 귀기울여보니 할머니는 무어라고 중얼거리며 입담으로 정성 들였다. 그 일로 형제들의 육성회비는 제때 납입하지 못했다. 그 일이 아픈 추억으로 남아서 지금도 풀리지 않은 수수께끼이다.

그때는 큰 통시와 작은 통시가 연결되었다. 새끼들이 드나들며 먹이를 먹을 수 있도록 얕은 음식물통과 푹신한 보리 짚을 깔아 주었다. 마당에 들어서면 우선 먹이통을 살피며 먹이를 푸짐히 넣어주며 번호도 붙였다. 오일장날이면 어머니는 포동포동 쌍둥이 같은 네 마리를 골라서 손수레에 싣고 비포장 길을 나섰다. 뒤에서 손수레를 밀며 동산을 오른다. 등에서 땀이 줄달음치고 얼굴이 범벅되었다. 기회다 싶어 필요한 돈을 말했으나 제사가 다가온다며 다음 장날을 기다리게 했다.

그 시절 통시에도 정성과 사랑이 있어야 했다. 그곳은

집안에서 나오는 음식물 찌꺼기를 해결하였다. 퇴비는 밭농사에 필요한 비료가 되었으니 통시의 역할이 대단하였다. 어미돼지는 든든한 은행처럼 현금이 나오는 창구가 되었다.

포동포동한 토끼 덕분에 새끼 돼지를 키울 수 있는 방안은 없을까 상상하니 행복해진다. 시장에서 물건 구입하는 재미가 쏠쏠하다. "빙떡이 세 개에 이천 원 이천 원." 하고 외치는 주인공은 분명 외국인 아가씨다. 주춤하여 한참을 바라본다. 오일장에도 세계화의 물결이 출렁이고 있다. 다국적, 다문화로 살아가는 시대에 서로 이해하고 배려하는 삶이 포근한 사회가 되리라.

휘돌아 나오는 길에 봄 향기 가득한 꽃들이 눈길을 이끈다. 아기자기한 야생화가 유혹한다. 조그만 화분에 넘칠 듯이 피어날 철쭉을 구입했다. 건너편 새장 속의 십자매가 봄을 노래하며 날개를 비빈다.

오일장은 언제나 활력이 넘치고 계절이 찾아드는 곳이다.

연꽃의 속삭임

연일 뙤약볕이 대지를 달군다. 혼잡한 제주공항은 관광객들로 희망이 넘실거리고 있다. 새로운 소중한 만남을 위하여 솜사탕 같은 구름 방석을 타고 살포시 날아왔다. 진주 혁신도시 아들네 집에서 찜통 터널을 건너고 있다. 시간을 쪼개어 근처에 있는 산책길을 찾아본다. 그리 멀지 않은 곳에 연꽃이 만개한 저수지가 있다. 설레는 마음 챙기고 아침 일찍 찾아 나섰다.

내비게이션 따라 찾아가는 '금호 저수지'이다. 청룡을 닮아 푸르고 맑은 이곳은 신라시대에 자연적으로 형성된 것으로 추정하고 있다는 안내 표지가 반겨준다. 산책로는 제방과 상류 숲 속을 가로질러 약 3km이다. 한 바퀴 도는 데 1시간여 소요되는 타원형으로 펼쳐진 아름다운 곳이다. 부레옥잠이 터를 넓히고 있지만, 수초들이 어우러진 곳에 연꽃봉오리 터지는 소리가 들린다. 와아! 연분홍 자태를 뽐내며 바람의 방향에 꽃잎을 띄운다. 마치 선녀의 춤사위처럼 유혹하며 평온이 감돈다. 양지바른 모퉁이에 연분홍치마가 봄바람에 펄럭이듯 연꽃잎이 흩날린다.

늘어진 수양버들과 고송, 잣나무의 푸르른 가지들이 수면 향해 팔 벌린다. 이슬 머금은 아까시 향이 싱그럽다. 물가에 다가서니 커다란 포물선이 일렁이며 폴짝 뛰는 소리에 화들짝 놀라 뒷걸음쳐본다. 커다란 청록색의 개구리다. 수심이 깊고 맑은 곳에서 파장을 일으키는 주인공은 누구일까. 여섯 마리의 청둥오리들이 물살을 가르며 사랑을 나눈다. 어디서인가 고추잠자리 한 쌍이 날아와 가을을 손짓하는 듯하다. 어우러진 연꽃들 어깨너머 소슬바람이 분다. 나도 몰래 합장하고 희열을 느끼는 순간 얼굴이 붉어진다.

유년시절 뛰놀던 마을 입구에 팽나무가 수장처럼 버티고 있었다. 삼거리 지나서 한참을 걸어가면 '등진 못'이 나온다. 오후 되면 어른들은 가축을 몰고 와서 물을 먹이고, 한쪽에선 빨랫방망이 소리가 드높았다. 장마가 끝나갈 즈음 동네 아이들은 이곳에서 헤엄을 치며 물놀이를 하였다.

어느 날 친구들과 놀러 가자는 약속을 했다. 살며시 나가는데 동생이 따라나서는 것이다. 동생을 데리고 가기에는 먼 곳이란 생각에 달래며 따돌려 보았다. 막무가내로 달라붙어서 하는 수없이 데리고 갔다. 종종걸음으로 도착해 보니 친구들은 신나게 놀고 있다. 어린 동생을 안전하다고 생각되는 곳에 앉혀놓고 가만히 있으라고 했다. 한참 멱을 감으며 놀다 보니 동생이 없어진 게 아닌가. 헐레벌떡 찾았지만 그곳에는 없었다.

미친 듯 동생 이름을 부르며 뛰어갔다. 풀 뜯던 조랑말이 소리 지르며 날뛰는 순간에 넘어졌다. 피가 흐르고 아팠지만 동생을 찾기 위한 몸부림을 쳤다. 아들이라는 귀중함에 더욱 다급해졌다. 부모님이 일하러 간 밭에 찾아가 사실을 말했다. 호통을 치며 온식구들이 난리다. 해질 녘에야 친척 할머니가 동생을 데리고 왔다. 길 잃은 것을 모르고 혼자 우는 아이를 달래고 잠재웠다는 것이다. 그날 밤부터 나는 아프기 시작하여 헛소리까지 지르며 혼 나간 아이가 되었다.

어머니는 넋이 나간 나를 위해 용하다는 할머니 모셔다 정성 들였다는 일을 잊을 만하면 해준다. 그때의 아픈 기억 때문에 그곳에서 다시 헤엄을 칠 수가 없었다. 지천명을 넘어선 동생을 마주하면 그때의 악몽은 꿈틀대며 가슴을 조인다.

세월의 강 넘어 그곳을 찾아가 보았다. 어른도 아이들도 없어진 조그만 연못 습지에 해맑은 연꽃이 피어 있는 게 아닌가. 어디서 날아온 연꽃일까. 봉긋한 봉오리가 터질 것 같은 찰나이다. 물가에 손을 담그고 어린 시절의 추억 하나씩 펼쳐 놓았다. 동네 아이들 놀이터, 어른들이 빨래하며 동네의 대소사들이 알려지던 노천탕이다.

해묵은 상처가 아직도 발목에 남아 있어 연꽃을 보면 차분해진다. 그런 연유로 연꽃을 더욱 좋아하게 되는지 모르겠다. 인도의 국화 연꽃의 꽃말은 순결과 청순한 마음이다. 진흙탕 속에서 뿌리 내리고 물을 정화하는 자비의 꽃이다. 연근은 땅속의 보물이다. 버릴 게 하나도 없는 헌신적인 꽃이다.

연꽃이 집단으로 서식하는 이곳은 동산 위에 아파트 단

지가 있다. 수면 위에 그림처럼 펼쳐지는 신비스러운 곳이다. 휘영청 밝은 밤 풍광을 보러오고 싶다. 둘레길 걷는 젊은이들은 이어폰 끼고 활발히 산책한다. 조깅 운동하는 사람은 애견 데리고 끌려가듯 걷는다. 연로하신 노모의 휠체어를 밀어드리며 땀 흘리는 아들의 모습은 정겹고 훈훈해 보인다.

어우러진 풍경 보며 걷다 보니 동네 주민이 '무인 판매' 운영하는 곳에 멈추었다. 상추, 가지, 풋고추, 호박잎 등 다양한 채소들이 천 원의 행복을 안겨준다. 세 봉지를 구입하니 풍성하다. 풀벌레들의 합창 소리가 즐거운 금호지에 날아온 백로가 푸드덕거리며 희망을 던져준다. 두 번째 보물인 예쁜 손녀가 연꽃처럼 맑고 화사하게 자라나길 합장하여 기도한다.

녹차 향에 머물다

뉴스에서 절기상 청명이라 한다. 하늘이 푸르고 시야가 환하다. 아파트 화단에 주인처럼 팔 벌린 벚나무 가지마다 멍울진 꽃봉오리가 팝콘처럼 터진다. 멀리 보이는 한라산은 아직도 잔설이 은빛으로 희부옇게 골지고 있다. 멀리 있는 오름 둔덕에도 봄 마중 나온 풀꽃들이 앙증맞은 화사한 모습으로 봄을 안내하고 있으리라.

일정을 확인하기 위해 수첩을 펼쳐본다. 겹쳐 있는 메모장에 서정춘의 「균열」이라는 시가 내 마음을 붙잡는다. 애잔함을 불러일으키는 시어들이 내 사발의 균열을 가늠해 보라고 하는 듯하다. 허물어져 가는 나의 그릇을 쓰다듬으며 살며시 풀어놓는다.

내 오십 사발의 물 사발에
날이 갈수록 균열이 심하다
쩍쩍 줄금이 난 데를 불안한 듯
가느다란 실핏줄이 종횡무진 짜고 있다
아직 물 한 방울 새지 않는다
물 사발의 균열이 모질게도 아름답다.

— 서정춘, 「균열」 전문

녹차향이 향긋한 찻잔을 들고 황토색 된장 항아리를 유심히 본다. 어느 날 작은아들이 애지중지하는 항아리 뚜껑을 열어보다 놓치는 실수로 줄금이 났다. 순간 화가 치밀어 아들에게 꾸지람하고 있을 때 시아버님이 오셨다. 자초지종을 말하는 나에게 방법이 있다하며 철삿줄로 금이 생긴 부분을 단단히 동여매 주었다.

항아리는 시어머님으로부터 물려받은 것이다. 언제나 조심스럽게 다루고 사용할 때마다 줄금을 살펴본다. 당신의 물 사발에 균열이 생긴 것도 모르고 해와 벗을 삼아 종종걸음하였다. 오십삼 세에 췌장암이란 사형선고를 받았다. 유명을 달리했을 때 가족들에겐 청천벽력 먹장구름이 드리운 나날이었다. 어머님의 빈자리는 누구도 대신할 수 없는 큰 그릇이었다.

한 가정의 주부로 남편 그림자로 사회활동에 참여하는 일상이 바쁜 시간의 연속이다. 언제부터인지 내 몸에도 실금이 생기는 것을 여러 가지 증세로 알 수 있다. 요즘 들어 친구들과 정담을 나누면 건강전선에 느껴지는 현상들이 서로 비슷하다. 어느새 중천에서 기울어져 가고 있나 보다. 앞으로 잔잔하게 이어질 실핏줄을 걱정한다.

여성은 아름답게 태어난 죗값으로 많은 시간 동안 달거리를 한다. 그 덕분에 젊음을 과시하고 귀중한 자식을 출산하고 키우기 위해 몸부림친다. 모성애를 발휘하며 가정을 알차게 이끌어가는 여성은 참으로 위대하다. 조물주가 여성에게만 부여한 특권임에 나는 항상 감사한 마음이다.

지난 해부터 연로하신 친정아버지는 병원 문턱을 넘나들며 고통스러운 나날을 병마와 힘겹게 다투고 계시다. 날로 수척해 가는 모습에 무척이나 죄송스럽다. 만나면 언제나 힘내시라고 손등에 입맞춤 해드린다. 어제는 아버지의 등을 살며시 쓰다듬어 보았다. 탄탄했던 등판은 가시고기처럼 앙상하다. 갑자기 척추를 세어보고 싶었다. 나이가 들어도 퇴직이 없다는 자부심으로 농사에 전념하셨다. 세월에는 장사가 없다는 말이 맞다.

당신의 튼실한 뿌리 덕분에 열매가 주렁주렁 열렸다. 팔도강산에 희망나무를 심으려고 여덟 남매를 키웠다는 뚝심 많은 3대독자 아버지! 보물섬을 만들어 놓은 장본인이다. 요즘 온 힘을 다해 지나온 삶을 하나씩 회상하며 털어낸다. 제발 기적이 일어나 당신 울타리를 보듬고 경운기 운전을 하면 좋겠다.

어느 날 내 물 사발에도 실금이 생기면 어쩌나 하는 걱정이 앞선다. 몸의 균열을 막으려면 규칙적인 생활을 하고, 건강을 체크하며 즐겁게 살아가도록 노력해 보리라. 체력을 보강하기 위하여 제철 음식을 골고루 섭취하며 부정적인 생각보다 긍정적인 생각으로 일상을 포용하리라.

예쁜 도자기 그릇을 장식용으로 보관하는 것보다 언제나 사용하는 대접이 되면 유용하리라. 천천히 청자 다기에 따끈한 물을 넣고 차 잎을 띄운다. 날숨을 불어넣고 찻잔 속을 바라본다. 실핏줄같이 잔잔한 줄금은 종횡무진 새겨진 나이테다. 나의 물 사발은 아직 한 방울도 새지 않는 도구임에 감사한 마음이다.

오늘도 아버지의 물 사발이 염려스럽다.

가슴속에 핀 꽃

청명한 가을 노랗고 향긋한 감귤이 유혹한다. 천진스러운 아가의 뽀송뽀송한 얼굴처럼 곱다. 껍질이 보드라워 속살을 먹어 보니 달콤하다. 천혜의 자양분을 받아먹고, 농부의 정성을 받아먹어서인지 탱탱하고 앙증맞다. 적과사업 현장에 봉사회원들과 동참했다. 친환경 농법으로 타이벡이 바닥에 드리워진 농장이다. 방풍림이 창창한 과수원은 하늘빛에 반사되어 멋진 한 폭의 풍경화다.

과수 중에 크거나 작은 것을 따서 바닥으로 버려야 수확기에 좋은 상품이 나온다. 향기롭게 피어나는 감귤꽃을 바라보며 농부는 얼마나 흐뭇했을까. 알찬 생명을 따서 버려야 된다니, 열매를 솎으며 아쉬운 상념에 빠진다.

언제부터인지 저출산이 사회의 큰 문제가 되어 우리의

노후까지 염려하게 한다. 출산 장려를 유도하는 정책을 접하다 보면 가슴속에 묻어둔 원통한 사연이 치솟아 먹먹해진다. 여고 시절 사회과목에는 "우리나라는 인적 자원이 풍부한 나라이다. 미래의 사회를 짊어질 일꾼이 많은 나라."라고 정의했다. 장래희망을 조사할 때면 언제나 현모양처賢母良妻라고 주저하지 않고 기입했다. 대가족인 친정에서 밥그릇을 다투며 자랐지만 동생들을 무척 좋아했다. 자녀를 많이 낳아 키우고 싶은 욕망이 있었다.

무에서 유를 창조하는 제2의 인생출발은 힘들었다. 밝은 미래가 있었기에 자녀계획은 중요한 사항이라 여겼다. 낳고 키우는 시점을 계획하고 정성을 다하여 임신했다. 태동을 느끼는 순간부터 보듬고 감싸며 조상님의 음덕을 품고 있었다.

섣달 초순 눈이 소복이 쌓인 아침에 건강한 아들이 태어났다. 사랑스런 아기에게 눈을 마주하고 젖을 물리면 행복이 물안개처럼 피어올라 행복의 바구니가 가득찼다. 임신기간에 먹고 싶은 음식을 섭취 못 해 아기 눈이 작다는 언니의 핀잔에 서러웠다. 속상했던 기억에 가슴이 뭉클하지만 제일 행복한 시기였다.

두 살 터울로 작은아들이 탄생하여 웃음소리가 집안 가득했다. 두 녀석을 키우던 어느 날 현기증으로 쓰러지고 말았다. 검진을 받으니 놀랍게도 세 번째 임신이었다. 남편은 집안 사정을 말하며 냉정하게 낙태 수술을 권유했다. 하지만 딸을 낳고 싶은 욕심에 산부인과 병원을 뛰쳐나왔다. 이틀 동안 두 녀석을 끌어안고 울음으로 해결책을 찾아보았다.

우선 시부모님께 상의했더니 자식이 많으면 고생이라며 완강히 말리셨다. 답답함에 친구에게 털어놓고 이야기했다. 비웃는 목소리로 "요즘은 둘 낳으면 미개인"이라 한다며 산아제한 운동에 따르는 것이 현명한 여자라고 했다. 당시에 대한 가족협회에서는 '산아제한 운동'이 활발히 전개될 때이다. 연일 뉴스에 "아들 딸 구별 말고 둘만 낳아 잘 기르자." 하는 광고가 요란했다.

당시에는 셋째 아이 출산은 의료보험 혜택이 적용되지 않았다. 입덧을 참아내며 용기를 내었지만 정부의 시책에 따라야 한다는 남편의 설득에 결단을 내렸다. 그날의 정신적 육체적 고통은 영원히 내 가슴속에 웅크리며 딸 없는 노후를 비웃는다. 빛바랜 가계부에 간략하게 메모

된 글이 나를 빤히 쳐다본다. '여자로 태어난 것이 죄인가…. 수술은 생각보다 아프고 마음이 괴로웠다.' 보건사회부 장관 직인이 찍힌 '피임시술 확인증'은 훈장처럼 보관하고 있다. 코팅된 확인증에는 위 사람은 가족계획을 솔선수범 실천한 분으로서 각종 사회지원 시책상의 혜택을 받으실 수 있습니다. 진료기록 카드를 보면 "삼천리는 초만원"이라던 노래가 들린다.

몇 년 후 예상할 수 없는 정부의 산아제한 정책에 국민은 불신하기 시작했다. 국가의 인구정책에 희생양이 되어버린 아픔이 새겨졌다. 요즘은 출산 가정에 각종기념품을 제공하며 보금자리 주택도 우선순위이다. 가장에게는 승진 기회도 주어진다는 보도에 웃음이 나온다.

국가 시책에 호응한 심리적인 보상을 받을 수 있을까? 친구들이 딸 자랑하는 이야기라도 듣게 되면 노후를 그려본다. 황금알을 품어 놓고 키우지 못한 바보라 자책하며 중얼거린다.

어느 해 제주에서 개최된 제3회 세계 델픽대회(문화 올림픽)행사에 자원봉사했다. 세계의 여러 나라가 참가 신청했는데 '신종 플루 발병 확산' 때문에 취소한 국가도 많았다. 시 낭송 대회에 출전한 요르단 시인은 "나는 정자일 때 가장 강했다."라고 외쳤다. 요르단 시인은 시상식에서 금메달을 목에 걸고 펄쩍 뛰는 모습이 너무 정열적이었다. 순간 내 귓속에 달려드는 절규! 수많은 난자와 정자의 싸움에서 선택받은 씨앗은 탯줄을 부여잡고 종족을 보존한다.

택배 아저씨가 초인종을 급하게 누른다. 어머나! 스물아홉 개의 연분홍 장미가 어우러진 예쁜 꽃바구니다. 나의 마음을 사로잡고 발그레한 얼굴로 만드는 주인공은 누굴까? 흥분되어 떨리는 손으로 예쁜 카드를 펼쳤다. 큰아들의 예비 신부가 보내준 결혼기념일 선물이다. 꽃들과 타임머신을 타고 여행하는 동안 꽃바구니에 치장한 장식 나비가 움직인다. 딸로 환생하여 나를 포근히 감싸준다.

가슴속에 핀 꽃을 영원히 사랑하리라.

희망을 심는 새별오름

풍물패의 길 트기 장단에 신명이 난다. 한라산 정기가 달려온 새별오름 주변이다. 전국적인 관광문화행사 '제주 들불 축제'가 흥겹게 펼쳐진다. 해마다 정월 대보름을 전후하여 성대히 개최되는 행사에 많은 도민과 관광객들이 모여든다. 올해는 외국인들도 많이 보인다.

천막 부스들이 둘러쳐진 오름 주변은 교통 혼잡으로 아우성이다. 몇 년 전부터 야단법석 흥겨운 어울림의 장소가 되어 희망이 넘실거린다. 조상들은 너른 야초지에 가축 방목을 위해 마을별로 들불을 놓았다. 묵은 풀도 태우고 진드기 병충도 없애는 일을 방엣불이라 했다. 몇 년 전부터 후손들은 현대적 감각에 맞게 구성하는 문화축제로 발전시키고 있다. 새해 첫 번째 행사로 개최하고 있으니 참으로 보람된 일이다.

오름 능선에는 세심한 배려도 보인다. 축제 준비로 단장된 오름 중앙부에는 하트모양의 불쏘시개가 눈길을 끈다. 돌담으로 둘러쳐진 묘에는 불연재 천막이 드리워져 불기운을 피할 수 있도록 보호하였다. 하단에 있는 땔감 가리의 동여맨 허리춤에, 가족들의 건강과 행복을 기원하는 소원지가 만국기처럼 펄럭인다. 행사에 참석한 사람들은 새로운 희망을 품고 액운을 날려 보내려 한다. 활활 타오르는 불길에 두 손 모아 기도할 것이다.

올해는 푸르고 상서로운 을미년이다. 애월읍 관내 양띠해에 출생한 여섯 어린이들이 선두로 나왔다. 활기차게 아우성치는 인파들의 소원성취 횃불을 점화하여 힘차게 흔든다. 그래서인지 사방에 기운이 감돌며 화기애애하다. 마침 향토 음식 천막에서 동료들과 메밀가루를 이용해 만드는 '빙떡 만들기 체험' 봉사를 한다. 손님들의 입맛을 유혹하는 일이다. 특히 손님이 원하면 체험을 도와드리고 빙떡 만드는 과정도 선보이며 손놀림이 바쁘다. 아울러 메밀의 효능을 설명해주니 좋아하여 토속음식 맛자랑에 흐뭇해진다. 곧 어두워지면 활활 타오를 불기운을 생각하니 옛일이 아련히 떠오른다.

어느 날 오후, 아버지는 바람이 불어오는 방향을 살피며 분주히 바쁘게 돌아다녔다. 옆집 할아버지하고 서둘러 들로 향하는 모습이 궁금스러웠다. 외양간의 소들은 여물을 되씹으며 주인을 찾기라도 하듯 소리를 질렀다. 공동수도에서 물을 길어다 소에게 먹였다. 밭일 나갔던 어머니는 의논도 없이 혼자 방엣불 놓으러 간 아버지를 매우 걱정했다. 사방이 컴컴해지는 하늘에 초저녁별이 반짝인다. 어디선가 불어오는 북서풍 따라 서쪽 하늘이 벌건 빛으로 물들고 있는 게 아닌가. 식구들이 걱정하고 있었다. 야초지에서 먼저 내려온 옆집 할아버지는 "너희 아버지는 불기운이 다 꺼지는 걸 확인하고 내려 올 것이다."라고 말했다.

새벽이 되어 웅성거리는 소리에 깨어났다. 아버지는 머리가 그을리고 허기진 초췌한 모습이었다. 화들짝 놀라는 우리에게 야초지에 불을 붙이고 둘러보는데 갑자기 회오리바람이 불어왔다. 불길이 예상치 않은 곳으로 번져서 혼자 힘들었다. 소나무 가지 꺾어들고 사방 불길을 막다보니 죽을뻔 했다는 말에 소름이 끼쳤다. 며칠간은 잠결에도 헛소리 내지르며 진땀을 흘리시던 모습은 지워지지 않는 악몽으로 남았다.

그 일로 인해 목초지를 태우는 일을 중단한 어느 해 일이다. 동네에서는 봄이면 가축들을 목장으로 내몰고, 순번을 정하여 꼴을 먹이며 돌보았다. 아버지가 돌보는 차례가 되어 목장에 갔다. 애지중지하는 누렁소가 힘없이 파리를 날리며 큰 눈을 깜박거렸다. 소똥이 묻은 앞가슴에 콩 방울만큼 큰 진드기들이 덕지덕지 붙어서 피를 빨아먹고 있었다. 허겁지겁 달려온 아버지는 수의사를 데려가서 아픈 상태를 관찰하며 살충제인 DDT를 뿌려주었다. 하지만 누렁이는 원인도 모른 채 죽었다. 애지중지하던 소를 잃고 아버지의 한숨 소리는 밤마다 이어졌다. 어쩌면 방엣불을 놓지 않아서 진드기가 발병하고, 액운이 닥쳤을 거라고 후회하시던 모습이 어제인 듯하다.

농사를 천직으로 여기며 우직한 소를 벗 삼아 힘든 일을 척척 해내던, 그 시절이 좋았다고 하시던 아버지 음성이 들려온다. 추석이 지나 선들바람이 불면 가축에게 먹일 꼴을 베고 말렸다. 울타리에 여러 개의 가리를 쌓아 올리고 흐뭇해하셨다. 대가족의 양식을 항아리 가득 채우느라 힘든 버거움도 운명처럼 받아들였다.

노년에 편히 지내는 게 꿈이셨던 부친은 병원에서 생을 마감하셨다. 만물이 소생하는 따뜻한 봄에 소들이 뛰노는 목장지대 주변 가족묘지에 안장이 되었다. 어쩌면 영혼이라도 들녘의 소들과 함께 뛰놀고 계실 것이다.

조상들의 전통문화를 후손들은 관광체험 축제로 이어가고 있다. 나라의 안녕과 기원의 불길이 활활 타오른다. 펑펑 터져 나가는 불꽃놀이의 찬란함에 수많은 인파의 환호성이 불길처럼 번져 나간다. 액운을 소멸하고 소원하는 일들이 만사형통으로 성취되길 기원한다.

내복內服

겨울의 길목이다. 조석으로 찬바람이 달려온다. 시골에 계시는 친정 부모와 동생들이 떠오른다. 서울에서 직장 다니는 아들에게 제주도 꽃 소식을 전했다. 어제 올라간것 같은데 단풍 소식을 듣게 되니 길 잃은 제비처럼 시간은 줄달음친다.

오늘 방송에서 반가운 뉴스를 접했다. 요즘 신종플루 때문에 백화점 인기품목은 겨울 내의가 매상 1위이다. "내복은 몸의 일정한 체온을 유지해주며 최소 3도 이상의 보온 효과가 건강을 지켜준다."는 전단지가 특이하다. 내복을 가족에게 선물하는 경우가 많아졌기에 온정이 묻어나는 소식이다.

어릴 적 형제들이 뒹굴던 친정집이 스크린처럼 펼쳐진

다. 시골에 있는 집은 북풍한설이 불어오면 바닷가 염분이 날아온다. 그 때문에 울타리에 있는 동백나무 가지마다 하얀 꽃눈을 틔우곤 했다. 어머니는 밤마다 바늘 쌈지를 풀어놓고 해진 빨간 내복을 기우셨다.

대가족이다. 언니 내복을 동생에게 대물림해도 우리는 불평이 없었다. 당연히 물려받고 입기를 기다렸다. 먹던 음식을 동생의 입속으로 넣어주어도 웃음으로 받아먹던 동구리 사탕 형제들이다. 어머니가 바느질하는 동안 우리들은 서로 몸을 비벼대면서 놀았다. 수수께끼 놀이나 실을 길게 잡고 끓어 당기며 튕기는 놀이를 했다. 장난이 지나쳐서 다투다 울면 어머니는 말랑한 고구마를 꺼내어 달랬다.

어느 해 겨울 어머니는 할머님이 입었던 낡은 스웨터를 풀기 시작했다. 화롯가에 큰 주전자를 올려놓았다. 김이 피어나는 주전자 코에 실을 통과시키며 꼬불꼬불 휘어진 실 가락을 죽죽 펴며 감았다. 실 풀어내는 일이 거의 끝나갈 때 뜨거운 물을 쏟았다. 동생의 대성통곡을 진정시키느라 혼쫄이 났다. 동생의 허벅지에 커다란 흉터가 남아 있다. 가끔 나보고 성형 수술을 해달라고 하면 "사랑하는 막내야! 너는 내 동생이라는 증표를 새겼으니 얼마나 좋으냐." 하며 횡설수설한다. 사랑의 묘약 앞에서 정이 도타운 막내가 정말로 아깝다.

내의를 선물하는 일이 보편화 되었던 1970년대 후반 객지에서 회사에 입사했다. 고향을 등지고 항구도시 부산 영도에서 직장생활을 시작했다. 첫 월급봉투를 받아들고 얼마나 기뻤는지 월급봉투에 눈물이 떨어졌다. 우선 고향에 계신 부모님과 가족들에게 보낼 내복이 많이 필요했다.

처음에는 백화점에서 내복을 구입하려고 했는데 돈이 모자랐다. 아쉬웠지만 시장에서 가족들 얼굴을 그리며 여러 벌 구입하였다. 고향으로 한 아름 소포를 부치고 나서 지갑을 열어 보니 동전만 남아있다. 첫 월급을 몽땅 털어야 했던 그날 영도다리를 건너오면서 갈매기들이 부러웠다. "바다가 육지라면 눈물은 없었을 것을…." 노래를 흥얼거리며 마음을 달랬다.

내복을 선물한 덕분으로 객지 생활의 어려움은 없었지만 향수병으로 마음이 울적했다. 객지에 있는 딸에게 친정아버지는 귀향을 설득하며 신랑감을 주선하였다. 부모님의 뜻에 따라 만추의 계절에 웨딩드레스를 입었다. 두 아들을 키우며 내복을 선물해주는 인척들의 고마운 마음을 가계부 뒷장에 기록했다.

큰아들이 공채로 직장에 입사하여 첫 월급을 받았다. 아들에게 네가 크는 동안에 친지들이 내의를 선물해 주었다고 하면서, 너도 보답하는 마음으로 내복을 선물하라 했더니 흔쾌히 찬성이다. 친지들 선물로 준비한 내복은 많았다. 반가운 얼굴들이 눈앞에서 미소 지으며 손뼉을 치는 듯 뿌듯했다. 아들의 앞길이 순탄하리란 생각에 흡족했다.

세월이 흘러도 따뜻하고 포근한 내복이면 선물로 손색이 없으리라. 추운 날씨라 가계부에 난방비 지출을 기재하기가 두렵다. 요즘은 내복도 패션이다. 올겨울엔 얇고 부드러운 내복으로 건강을 지키며 난방비도 절약해야겠다.

장롱 속에 있는 가족들 내복을 꺼내어 톡톡 털어내며 온기를 불어넣자. 내복은 건강을 위하여 갖춰 입는 양복이라는 의미가 숨겨져 있다.

4부

놋화로

놋화로

사방이 시원한 바람으로 일렁인다. 대구 팔공산 갓바위 부처님 덕분일까. 신령스러운 산들바람이 목덜미에 감긴다. 설레는 마음으로 찾아온 방짜유기박물관이 번듯하다. 달려 나온 문화해설사가 안내하는 곳으로 발길을 옮기니 조상님 숨결이 손짓한다.

영상관 화면에서 유기그릇 만드는 바데기 장면은 현실인 듯 신비스럽다. 방짜유기는 구리와 주석을 합금한 놋쇠 덩어리를 불에 달구어, 여럿이 망치로 두들기고 주무르며 그릇의 형태를 만든 것이다. 유기는 독성이 없으므로 제기를 만들거나 식기를 만들어 사용했다는 해설사의 설명에 고개를 끄덕여본다.

1930년대의 유기그릇 만드는 과정을 재현하는 모습은

지난 시간에 대한 그리움을 자아내게 한다. 전시실에서 여러 가지 그릇과 악기 민구들을 둘러보며 앙증스러운 요강에 눈길이 쏠린다. 꽃가마 타고 시집가는 수줍은 신부의 용변을 위해 배려한 조상의 지혜에 안온함을 느낀다. 새색시 기분으로 가슴이 떨린다. 또한 놋대접에 담겨 있는 조그만 풀꽃을 보니 독성이 없는 유기의 실체가 신기하다. 지난날의 신비로움이 벗겨지는 순간이다.

예전 어느 날, 지인의 잔칫집에서 많은 채소들을 손질하고 있었다. 커다란 미나리 몇 단을 풀어내어 손질하며 거머리를 찾아 계속 씻었다. 웃으며 나타난 요리사가 십 원짜리 동전 두 개를 넣는 게 아닌가. 몇 분 후 손질하고 담가놓은 미나리 그릇에는 서너 마리의 실거머리가 탈출을 시도하고 있었다. 구리동전이 신기하다는 의문을 품고 있었다.

고풍스러운 놋화로에 마음이 끌린다. 유년 시절 겨울밤이면 화롯가에서 시들고 작은 고구마를 구워먹으며, 자매들은 할머님이 들려주는 이야기에 푹 빠졌다. 거동이 불편하신 할머니는 세월을 탓해야 한다며, 4 · 3사건의 상흔이 가시지는 않았지만 담담하였다. 그 시절 어스름이 내리면 무장한 사람들이 산에서 내려와 가축을 마구 끌어가고 곡물을 털어갔다. 그것도 모자라 조상 모시는 제기들을 내놓으라 마구잡이로 살림을 부수었다.

할머니는 궁리 끝에 커다란 항아리 속에 제기 그릇을 담고 텃밭에 묻었다. 흙으로 덮은 그곳에 나물을 심어서 눈물로 비료를 주며 가꾸었다. 서너 해 동안은 제기를 꺼내지 못하고, 제삿날 음식은 장만도 못 하여 대접에 냉수만 올렸다는 사연을 구구절절 풀어놓았다. 당신이 온갖 수모를 당하면서 지켜낸 놋 제기 덕분에, 후손들이 번창할 것이라 말하는 순간 이마의 훈장이 반짝였다.

어머니는 명절이 다가오면 제기들을 멍석에 펼쳐놓았다. 수세미가 없던 시절이라 볏짚에 재를 묻혀 호호 불어가며 반질반질 닦았다. 그릇은 보물처럼 쓰다듬으며 숫자를 세며 보관하였다.

그러던 어느 날 육지에서 왔다는 키다리 아저씨가 손수레를 끌며 돌아다녔다. 저녁이면 동네아주머니들을 모아놓고 세상 물정을 이야기하며 유혹하였다. 그분이 해결사라는 이모님과 우리 집에 몇 번 다녀갔다. 어머니는 놋 제기들을 스테인리스 스틸 그릇들과 맞바꾸었다. 가벼워 사용하기 좋고 반들반들 빛나는 새로운 그릇은, 어린 마음에도 혼수품으로 마련해 주었으면 하는 욕심을 품었던 생각에 얼굴이 발개진다. 어머니는 소중한 놋화로, 촛대, 향로, 향합 등은 잘 간수하여 당신의 큰며느리에게 물려주었다. 그림의 떡처럼 바라보는 나에게 한쪽이 닳아 비스듬한 놋 주걱을 주었지만, 할머니의 유품이라 생각하고 소중히 여긴다.

부모님이 제사 지내던 시절에는 섣달 그믐날에는 메밀묵을 곱게 쑤어서 널따란 쟁반에 식혀놓았다. 차례 음식이 거의 장만 되면 부엌아궁이에서 피워낸 숯불을 화로에 옮겼다. 아버지는 화로 위에 석쇠를 걸치고 꿩 날개깃으로 참기름을 솔솔 바르며 묵을 노릇노릇 구웠다. 구수한 냄새에 둘러앉은 형제들은 차례 음식을 챙기고 남은 음식에 눈독을 들였다. 마치 주둥이가 노란 제비새끼들마냥 떠들다 발개진 얼굴에 하품을 하면, 아버지는 "섣달 그믐날 잠을 자면 눈썹이 하얗게 된다." 하시며 놀렸는데 그 의미는 지금도 궁금하다.

그리곤 정월 명절이 지나면 동네 어른들은 풍물놀이를 하며 마을 구석구석 돌아다녔다. 놀이패는 꽹과리와 징을 신나게 두들기고 장구를 치며 커다란 놋양푼도 두들겼다. 어른들은 새해 맞아 이웃 간에 화목하고 상서로운 기운을 신명나게 빌었을 것이다. 집집마다 풍물놀이패가 마당에 들어서면 주인은 돈이나 쌀, 음식을 대접하는 나눔의 잔치마당이었다. 신나게 쫓아다니던 아이들도 음식을 배불리 먹을 수 있었던 아름다운 추억이다. 그 덕분에 고향 마을 입구에 세워진 '장수마을' 표지석이 언제나 후손들을 손짓하고 있다.

달님과 해님

봄기운이 완연하다. 해가 기울어지는 시간에 서둘러 사라봉 산책길에 나선다. 바다와 오름들이 보이는 곳이라 언제나 달려오고 싶은 길이다. 팔을 휘돌리며 걸어간다. 길섶에 노란 풀꽃들이 계절을 노래하니 앙증맞다. 잔잔한 바다에 항해하는 선박들이 많다. 큰 배는 멈춰 있는 것처럼 보이지만 입항하려는 유람선은 아닐까 하는 반가움이 앞선다. 비행기들도 굉음을 내며 어디론가 날아간다.

영주십경 중 손꼽히는 사봉낙조沙峰落照 일몰의 순간을 떠올리며 사라봉으로 올라간다. 출항하는 어선들이 많이 보이고, 야외에 설치된 운동기구에서 땀 흘리는 사람이 많다. 산책을 하면서 불그스름한 서쪽 하늘을 유심히 바라본다. 일몰의 순간을 맞이하려 바닷물도 숨죽인 듯 잔잔하다. 불덩이가 첨벙 떨어지는 순간 오색 물결이 출렁인다. 멋진 장관을 핸드폰으로 포착하니 흥분된 마음이다.

내리막길로 되돌아오며 가로등 불빛에 방글거리는 동백꽃을 바라보니, 바닥에 여러 개가 툭툭 떨어져 있다. 떨어진 동백꽃을 달콤하게 빨아먹었던 추억이 동녘 하늘 달님처럼 떠오른다. 친정집 뒤란에는 커다란 동백나무가 자연재해를 막아주는 수호신처럼 넓게 어우러져 있다. 아침이면 부엌 앞에 있는 나무에 동박새가 날아와 무언가 쪼아 먹으며 조잘거렸다.

어린 시절 제삿날이나, 설날에는 언니들과 떨어져 있는 동백꽃으로 목걸이를 커다랗게 만들었다. 소꿉놀이할 때는 잎을 돈이라 하며 치맛자락에 소중히 모았다. 놀다가 말랑한 꽃술을 빨아먹으면 꿀맛이라 활기가 넘쳤다. 여름이면 커다란 나뭇가지에 그물을 쳐서 음식을 매달아 놓았다. 동생 등을 밟고 깨금발로 가지에 올라가다 떨어져 큰 상흔이 다리에 남아 있다. 매미가 울어대는 그늘에 멍석을 펴고 동생 돌보며 책을 읽어 주었다. 추억이 쌓여 있는 커다란 나무 둥지에는 나의 분신인 두 분이 마주 보고 계시다.

건강한 육체를 낳아주신 어머니는 달님이시다. 꿀 젖을 빨아 먹던 세 살에 달님과 헤어졌다. 어렸을 때는 전혀 모르던 일이 사춘기에 접어들면서 아픈 통증으로 다가왔다. 마음속에 쌓이는 그리움은 화석이 되어 혼자 삭히기에 괴로웠다. 원망과 그리움으로 생모의 얼굴이 달려들면 동백나무 아래서 훌쩍거렸다. 여느 달빛이 환한 밤 그리움이 솟구쳤다. 어깨를 들썩이는 소녀에게 부모님은 혼자 찾아갈 수 있으면 가라고 허락을 하였다.

드디어 중학교 2학년 여름방학에 친척 언니가 오빠네 집에 간다는 소식을 접했다. 달님도 그 근처에 살고 계신다는 말에 간청을 하고 따라나섰다. 제주항에서 처음으로 여객선을 탔다. 부서지는 파도를 보니 어머니가 손짓하는 듯하여 눈물이 앞을 가렸다. 훌쩍이는 나를 이상한 눈으로 쳐다보는 선원 아저씨가 무서워 얼른 객실로 들어가 언니를 찾았다. 부산 항구 도착했다는 뱃고동 소리에 심장이 팔딱거렸다.

마중 나온 어머니 얼굴을 정면으로 볼 수가 없었다. 눈물을 흘리며 집으로 따라갔다. 조반을 먹으며 먹먹한 가슴을 뜨거운 국물에 풀어 넣었다. 어머니는 한참을 안아주며 용서를 빌었다. 방문 틈새로 바라보던 동생들이 언니야! 누나야 하는 순간, 원망 덩어리는 봄눈 녹듯 스르르 녹아내렸다. 피는 물보다 진하다는 말이 떠올라 동생들을 꼭 안아주었다.

영원한 마음의 안식처 달님은 바다 건너에 살고 계시다. 언제나 뜨거운 가슴으로 못다 한 사랑을 속삭여준다. 헤어진 시간을 보상이라도 하듯 애틋한 사랑을 주며 용기를 준다. 팔순이 넘은 나이지만 안경도 쓰지 않고 책 읽기를 좋아하신다. 지금이라도 안부 전화 드리면 힘찬 목소리에 반가움과 사랑이 들려온다.

따뜻한 정으로 키워주신 해님 어머니는 동백꽃이 화사한 날에 초가집 안주인이 되었다. 네 살 아기는 할머니가 "너희 엄마다." 하는 말에 다가가 얼굴을 쳐다보며 무릎에 앉았다. 흘리는 침을 하얀 손수건으로 훔치며 다정히 볼을 만져준 분이다. 언니에게도 손을 내밀었지만 다가갈 수 없었다며, 그 순간을 말해주었다. 상군해녀인 어머니는 언니와 나를 반듯하게 키우려 노력하셨다. 이제나도 자식을 낳고 키워 보니 두 분의 마음을 충분히 헤아리게 된다.

두 분 어머니는 현명한 교육자이다. 자녀들을 무릎에 앉혀놓고 형제간에 우애롭게 살아가는 방법을 최우선으로 가르쳐 주었다. 다독거리며 키워 주셨기에 형제들이 많지만 화목하게 잘 지내고 있다. 사랑하는 형제들은 소중하고 아까운 보석이다.

동백나무의 영원한 주인은 늦가을이면 나무 아래서 보물찾기를 한다. 커다란 동백 열매가 쩍쩍 벌어지면 하나하나 주워 모은다. 뜨거운 물에 문지르며 깨끗이 씻고 햇살에 바싹 말리어 동백기름을 뽑아온다. 기름은 천식에 좋고 식용으로도 맛있다 하며 자식들에게 골고루 나누어 준다. 나에게는 곱슬머리인 달님에게 선물할 동백유를 더 챙겨 준다. 요즘은 머리에 바르는 영양제가 많이 있지만 그 어떤 제품보다 매끄럽고 순하다는 달님의 지론이다. 두 분은 동백기름으로 자매처럼 은근한 사랑을 나누며 건강하게 지내고 계신다.

세월의 강가에서 외롭고 힘들었던 아이는 달님과 해님의 깊은 사랑으로 언제나 행복한 삶이다. 산악자전거

페달을 힘차게 밟으며 달리는 남편을 바라본다. 목적지를 향하여 신나게 달려가다 한쪽 바퀴가 삐걱하면 유심히 살펴보고 수리한다. 두 분의 사랑은 나에게 대로를 달릴 수 있게 하는 원동력인 자전거를 움직이는 두 바퀴와 같다.

언제나 솟아오르는 달님과 해님을 생각하며 환희에 젖어본다.

버릴 게 하나도 없네

함박눈이 휘날리고 있다. 재활용품 수거함이 놓여 있는 곳에 눈이 소복이 쌓인다. 헌 옷 수거함에는 넘치는 옷들이 눈을 맞으며 눈사람이 되어가고 있다. 수거함 밖으로 넘쳐나는 옷들을 통속으로 깊이 밀어넣으며 마음이 멈칫해진다.

요즘 제주는 전통적인 이사철이다. 제주에는 예부터 인간의 길흉화복을 관장하는 토속 신들이 임무 교대를 위해 하늘로 올라가는, "대한大寒 후 5일부터 입춘立春 전 3일까지"인 신구간新舊間에 이사를 해야 한다. 그래야 궂은일이 생기지 않고 무탈하게 지낸다는 속설이 있다. 그래서 요즘 이삿짐을 싣고 나르는 차량들이 많아졌다. 이삿짐 부피는 주인의 생활을 가늠케 한다.

아파트 뒤편의 쓰레기 집하장인 클린하우스 주변이 생활 쓰레기로 넘치고 있다. 옆에는 폐가전 제품, 폐가구들도 즐비하다. 아파트부녀회에서 관리하는 '헌 옷 수거함'이 넘쳐나고 있음은 우리네 생활이 풍족함에서 오는 걸까. 아니면 대물림을 하지 않은 가족의 단출함에서일까.

해마다 청명한 하늘에 솜털구름이 너울너울 춤을 추면, 함박웃음 머금은 고모님 얼굴이 하늘에 가득하다. 친정아버지도 외동아들이요, 고모님도 외동딸이셨다. 할머님은 언제나 단출한 자식 타령으로 외로워하시며 자손의 번창을 으뜸으로 여기셨다. 자식을 많이 두어야 부자로 살아간다고 입버릇처럼 말씀하셨다. 아버지는 8남매를 할머니의 후손으로 키워내셨다.

고모님은 결혼한 후 출가 물질하러 일본에 갔다가 고모부와 대판大阪에 정착하게 되었다. 열 길 물속을 숨비소리 내지르며 해산물을 망사리 가득 캐어내는 상군해녀로 억척스러웠다. 할머니는 딸을 자랑하며 보내오는 돈을 모아 신작로 큰 밭을 사들이기도 하였다. 해녀작업을 마친 휴한기休閒期에 고향으로 온다는 연락이 왔다. 우리는 할머니와 신작로에 나가서 흙먼지가 날려도 푸른 창공을 바라보며 고모님을 손꼽아 기다렸다.

1960년대 후반 매우 어려운 시기에 고모님이 고향에 온다는 소식은, 우리 식구들에게 커다란 희망이었다. 어느 날 학교에서 귀가해 보니 커다란 상자가 마당 가운데 있었다. 맛있는 음식 냄새가 동네를 구수하게 하는지 집에서 키우는 강아지들이 아우성이다. 동네 이웃과 친척들이 한 손에 뭔가 들고 우리 집으로 모여들기 시작했다.

할머니는 마당에 멍석을 펴고 큰 보따리를 풀어 헤쳤다. 그리곤 차곡차곡 쌓여 있는 많은 옷을 훌훌 털며 중얼거렸다. 고모님이 우리에게는 마음에 드는 옷을 골라 입으라는 말에 욕심을 부렸다. 누비잠바, 스웨터, 주름치마, 쫄쫄이바지, 조끼, 목도리, 장갑…. 언니와 나는 마음껏 챙기며 공주가 되었다.

어머니는 우리에게 염치없이 옷들을 많이 챙겼다며 꾸중을 하셨다. 친지에게 나누어줄 옷이 모자라니 내놓으라는 것이다. 욕심을 버리지 못한 나는 울음으로 몇 가지를 챙겼다. 다음 올 때는 더 좋은 옷들을 많이 가져온다며 고모님은 친척들에게 약속을 했다.

우리 형제들은 남들이 부러워하는 옷을 입고 다녔다.

우리에게 부잣집 아이들이라 했다. 그때 옷 상자에서 나온 조그만 라디오는 동네에서 일기예보를 담당하였다. 농사일에 많은 도움이 되었다. 생활 물자가 귀했던 시기에도 고모님 덕분에 시계, 라디오, 재봉틀이 갖추어져 있었다. 비 오는 날이면 이웃들은 해진 옷을 가져와서, 웃음소리와 함께 재봉할 차례를 기다렸다.

일본으로 건너간 고모님은 고향의 친지와 가족들이 어른거려 옷들을 수집했을 것이다. 선진국 일본에서는 쌓인 먼지도 허투루 버리지 않고, 재활용 물품을 구별하며 물자 절약을 철저히 한다고 말씀하였다.

고모님이 다녀간 다음 해 가을, 청명한 하늘에 하얀 구름이 두둥실 떠다니는 오후였다. 급히 달려온 배달부 아저씨의 '위급 전보'라는 말에 식구들은 화들짝 놀라며 울음바다였다. 바다에 물질작업 다녀온 고모님이 실신하여 병원으로 옮기는 중에 명을 달리했다는 전보였다. 그 후 할머님의 한숨 소리는 그칠 날이 없었다. 큰 보따리를 굴리며 올 것 같았던 고모님은 타국에서 고향의 친지를 생각하며 물품을 모았을 것이다.

몇 년 전부터 아파트 부녀회 활동을 하며 재활용품 분

리수거에 동참한다. 계절따라 수거한 옷들은 '부녀회 알뜰 판매장'에서 새로운 주인을 만날 수 있게 손질을 하고 주인을 기다린다. 신학기에는 학생들의 교복과 체육복을 구하기 위해 찾아오는 엄마들이 많아서 보람을 느낀다.

요즘 재활용으로 수집한 옷들은 아프리카 난민촌으로 가져가는 구호물자이다. 나머지 옷들도 폐품으로 재활용하니 소중한 자원이 되는 셈이다. 우리 세대는 물자의 소중함을 겪었기에 이제는 후진국에 베풀고 있다. 생활물자의 궁핍함을 느꼈던 우리는 물자절약에 앞장서는 마음으로 각종 폐기물을 분류해야 한다. 미관을 생각하며 정리정돈을 잘해야 할 때다.

신구간에는 '중고물품 교환센터인 아나바다 장터'가 상설되었다. 서로 필요한 물품을 교환하고 있지 않은가. 참 좋은 일이란 생각이다.

아, 그러고 보니 우리 집엔 버릴 게 하나도 없네!

버팀목

봄 향기가 싱그러운 날이다. 겨우내 잦은 폭설에도 튼실한 나목은 우듬지에 생명을 불어넣어 새싹이 돋아난다. 삼나무 숲이 뿜어내는 피톤치드 향기에 삼라만상이 눈부시다. 탐방객들이 어우르며 추억 만드는 모습도 풍경이다. 아름다운 절물휴양림에서 새들의 합창 소리가 즐겁게 들려온다.

커다란 삼나무 주변에 짙푸른 이끼는 초록 비단으로 반들거리며 이슬방울은 보석처럼 빛난다. 장생의 숲길 초입에 활짝 웃는 장승들이 즐비하다. "이 장승들은 쓰러진 나무를 이용하여 만들었습니다." 하는 푯말이 걸음을 멈추게 한다. 여러 형상의 장승은 저마다 특유의 얼굴이다. 어깨를 휘감고 손을 마주한 노부부의 장승은 이마에 깊은 주름살이 세월의 흔적이다. 너그러운 모양이 부모님처럼 다가와 살갑게 안아준다.

인자하고 포근함이 묻어나는 얼굴형상에 셔터를 누르고 쓰다듬으며 속삭인다. 부부의 인연으로 서로 의지하고 버티며 살아온 세월이 주는 훈장일까. 굵게 파인 이마를 만지니 가슴이 뭉클하다. 부모님의 인생 여정도 변덕스러운 날씨와 같았을 것이다. 억척스럽고 부지런하셨던 아버지는 늘그막에 편안한 삶을 바라보는 희망으로 고생하셨다. 따뜻한 봄날 황망히 영원한 소풍을 떠나셨다.

까마귀들이 합창으로 인도하는 오솔길은 상쾌하고 드높다. 푸석거리는 겨울의 흔적을 밟으니, 움트는 새싹들의 하늘거림은 윤회하는 인생인 듯 숭고해 보인다. 누구의 손길과 발자취 덕분일까? 구부러진 길에도 아늑함이 펼쳐진다. 쉬어가라 놓인 나그네 의자에는 풍상의 나이테가 뚜렷하다.

봄의 전령사 복수초가 화려하게 피어 있는 군락지에 주춤하니 눈이 호사한다. 양지바른 곳 자잘한 돌무더기 사이로 고개 내민 제비꽃 무리가 앙증맞다. 봄의 왈츠 현장이 바로 여기구나! 오르내리는 길에서 들숨과 날숨은

엇박자다. 싱그러움이 몸과 마음을 치유해주는 듯 상쾌하고 가볍다.

봄기운이 흥건한 숲 사이로 눈부신 햇살은 소나무 가지에 걸렸다. 안락한 둥지처럼 포근함이 감도는 곳에 멈추었다. 커다란 산벚나무와 고로쇠나무가 뒤엉켜 연리목連理木으로 숲 속의 주인처럼 반긴다. 안내 표지에는 두 나무가 서로 맞닿아 한 나무가 되는 현상을 연리라고 하며 줄기가 연결되면 연리목이다. 가지가 연결되면 연리지라고 설명하고 있다. "이 나무들은 흐르는 세월에 맞닿은 부분의 껍질은 압력을 견디지 못하여 파괴된다. 맨살끼리 맞부딪치며 하나가 되어간다. 물질 성분을 주고 받으며 양분을 공급하는 방사조직을 서로 섞어서 생물학적 결합이 끝나면 한 몸으로 살아간다."라고 쓰여 있다. 연리목 앞에서 두 손을 모은 연인이 사랑을 언약하면, 절대 헤어지지 않는다는 전설은 마음을 들뜨게 한다. 연리목은 서로 가느다란 촉수를 의지하고 바람 부는 방향 따라 버팀목이 되어주고 있다. 참으로 진귀하다. 자연의 신비함에 고개를 끄덕이며 두 손을 모아본다.

나는 누군가에게 버팀목이 되어 주고 있는가. 나로 인

하여 의지하고 힘을 충전 시킬 수 있는 사람들이 있으면 좋겠다. 누군가 나 덕분에 행복해 하는 사람이 있을까. 사랑하는 가족들의 바람막이 역할을 한다고 하지만 양분이 부족하여 때론 자신이 없다. 마음이 넉넉하지 못함을 탓하며 지그시 눈감고 자아성찰해본다.

요즘 허리통증 때문에 은근히 걱정이다. 갱년기가 반항이라도 하는 걸까. 한의원에서 침으로 치료 받으며 다스리고 있다. 허리근육과 요추를 보호해 주는 벨트 근육이 필요한 것을 이제야 알았다. 매일 걷기와 스트레칭 운동을 하면 든든한 주위 근육이 생겨서 버팀목이 되어 튼튼해진다. 의사선생님이 요통을 예방할 수 있는 비법이라 하여 관심을 갖고 걷기운동을 열심히 한다. 몸속에도 서로 버텨주는 버팀목 근육이 필요하다. "인체 내에도 자연치유 시스템이 구성되어 있다."라는 문구를 유심히 보았다. 부부 사이에도 서로 존중하고 사랑하는 힘이 튼튼한 근육으로 자식들에게 버팀목이 되리라 상상해본다. 내 등에 짐이 내 삶의 무게가 되어 때론 짓누르고 있지만 자신을 행복하게 해준다.

울창한 숲에 상생하는 식물들이 군락을 만들어 사철 어

우러지고 번식하며 번창하고 있다. 이름 모를 풀꽃들이 특유의 아름다움을 발산한다. 그 순간에 변산바람꽃은 야무진 자태로 옹골 차다. 훈풍은 만물에게 튼튼한 버팀목이 되어 살랑거린다.

천상의 정원에서 연리목은 오고가는 사람에게 사랑과 포용을 보여준다. 숲 속에 공생하는 모든 동식물은 앞다투지 않고 순응하며 더불어 번식해간다. 나뭇가지 사이로 불어오는 바람은 등줄기 땀방울을 쓸어내리며 행복한 시간을 탐닉하게 해준다.

보물을 찾으며

태양의 양기를 머금고 들녘은 꿈틀거린다. 동토에서 둥지를 보듬어 안고 숨 고르기에 혼신을 다함인가. 휘파람 소리 들으며 연하고 보드라운 고사리가 쑥쑥 올라온다. 한라산 정기를 받고 있는 올망졸망한 오름 둔덕 너머 양지바른 곳에 고사리 아홉 형제가 두루뭉술하다. 절기상 청명이 다가오면 평등한 자연의 선물 고사리를 채취한다. 덤으로 달래나 쑥을 캐오면 푸짐한 봄이 덩굴째 집안으로 굴러 들어오는 느낌이다.

올해는 꽃 피는 시기가 빨라져서 들녘에도 푸름이 먼저 달려왔을까. 고향의 봄 생각에 친정어머니께 안부 전화를 드렸다. 낼 당장 고사리 꺾으러 갈지를 묻는다. 어머니의 발이 되고 말벗이 되고 싶어 보름달이 비춰주는 동회선 도로를 달린다.

이른 새벽 구수한 된장국 냄새에 일어났다. 벌써 오토바이, 경운기 소리가 앞지른다. 고사리 채취하러 나가는 사람들의 웅성거림이 새벽을 연다. 차창 너머 신선한 공기 풋풋한 냄새는 상쾌함으로 반겨준다. 철조망이 둘러진 목장지대로 기어들어 간다. 구멍 숭숭한 돌담 옆으로 삐죽이 내민 녀석을 보는 순간 횡재한 기분이다.

양지바른 비탈에 면사포 둘러쓴 할미꽃이 방긋이 웃으며 피어 있다. 초벌 고사리는 제수용으로 포장한다. 육지에 있는 사돈님께 청정한 기운을 선물하면 으뜸이라며 입을 모은다. 또한 제사상에 올리는 고사리전은 동그랗고 매끈하게 정성을 다해야 곱다. 고사리전은 자손들이 준비한 음식을 갈무리해서 담아가는 보자기라는 말을 들었다. 땅속으로만 길을 내며 뻗어가는 강인한 고사리는 자손 번창을 위함인지 제사음식에는 필수이다.

목초지 가시덤불에 팔을 뻗으며 포복하여 꺾다 보니 붉게 떠오른 태양이 찬란하다. 새해 첫날 떠오르는 해를 보려고 성산 일출봉 해안으로 달려갔다. 하지만 이 순간처럼 찬란한 모습은 보질 못했다. 신비한 모습을 인증하려하는데 눈길을 빼앗은 그것들 때문에 영롱함을 놓쳤다. 두 손 가득 움켜쥔 고사리 비비며 사방을 둘러본다. 서쪽에 우뚝 솟은 다랑쉬 오름이 있다. 달도 쉬어 간다는 월랑봉 자락이 포근하다.

고사리밭 몇 군데 넘으면 다랑쉬굴이 있다. 4 · 3사건 당시 이 근처 주민들이 굴속에 숨어서 초근목피로 목숨을 연명하며 살았던 곳이라 아픔이 서려 있다. 그분들은 봄이면 넓은 들녘에서 고사리를 채취하고 농사를 지으며 희망을 품었으리라. 지난해 다랑쉬굴 견학하며 주변을 둘러 보니 입구가 너무 협소하여 가슴이 뭉클했다. 고통과 원망을 삼킨 그곳이 바로 눈앞이다. 지금은 사방이 포근하고 푸르른 생명이 넘쳐난다.

고사리 채취를 잘하던 할머님이 들려준 이야기가 떠오른다. 4 · 3사건 당시 어둑해질 무렵 산에서 내려온 사람이 집에 나타나서 장손인 열세 살 손자를 찾아내라며 고문을 하더란다. 증조할머님은 "나를 대신 데려가라!" 하면서 탕탕 뒹굴며 저항하자 매질을 하고 숨겨둔 곡식을 모두 강탈해 갔다. 상처받은 할머니는 약풀을 채 메이며 한 많은 세월 얼룩진 고통으로 돌아가신 영가靈駕이시다. 지금은 4 · 3평화공원 희생자 명단에 위패 봉안되었다. 영가의 원한과 아픔이 허공에 맴돌고 있을지 모른다.

용돈이 귀하던 시절 어머니 따라 들녘에서 조막손으로 꺾은 고사리는 곧바로 현금이 되었다. 고사리 채취에 재미를 붙여 갈 무렵이다. 옆집 할머니가 새벽에 고사리 꺾으러 갔는데 밤중이 되어도 돌아오지 않았다. 동네 사람들이 횃불을 들고 찾으러 나섰다. 다음 날 찾아보니 가시덤불에 찔리고 넘어져 혼이 나간 채 쓰러져 있었다는 소문이 났다. 할머니는 시름시름 말도 없이 울기만 하며 여위어갔다. 동네어른들은 넋이 나갔다며 걱정을 하였다.

그 후 할머니 집 마당에 대나무 깃발을 세우고 며칠 동안 무당들이 큰 굿판을 벌였다. 징과 북소리가 커지고 무당의 춤사위는 무서웠다. 장단 맞추는 소리에 올레 담 구멍으로 훔쳐보았다. 아픈 분이 덩실덩실 춤을 추다 푹 쓰러지는 게 아닌가. 엿보고 있는 나에게 어머니는 "귀신이 붙으면 어쩌려고 하느냐." 하면서 꾸중을 늘어놓았다. 그 후 만났을 때는 무서워서 뒤도 돌아보지 않고 달아났다. 할머니는 오래 사셨지만 그때의 풀리지 않은 수수께끼는 고사리철이 되면 악몽처럼 되살아난다.

요즘도 고사리 채취하러 갔다가 실종사건이 종종 발생한다. 몽글몽글한 고사리 유혹에 심취하여 꺾다 보면 방향 감각을 놓치기 일쑤다. 욕심이 화를 불러 자초하는 것임에 안타까운 일이다. 해마다 청정고사리를 채취한다. 곱게 말려서 포장하고 제사 날짜를 기입해 둔다. 올해도 넉넉한 보물을 챙겼으니 마음이 뿌듯해진다.

물결치는 그리움

검푸른 물결이 출렁인다. 썰물에 솟아난 바위에 물새들이 날아든다. 잔잔한 바다에 해녀들 숨비소리가 해안가 모래에 연보랏빛 순비기 꽃으로 피어났다. 순비기 열매는 해풍을 견뎌낸 강인함으로 두통에 좋은 한약재로 쓰이며 베갯속으로 쓰면 좋다. 해양 수족자원이 풍부하고 현존하는 해녀가 많은 구좌읍 하도리 장수마을 해안가이다.

다가선 고향포구는 밀물과 썰물의 교차가 훤히 드러난다. 과거의 추억들이 어우러져 파도처럼 출렁이는 그리움의 바다이다. 원담에는 수영을 하며 물장구치던 아이들이 너럭바위에 드러누워 돌고래 처럼 바들바들 떨었다. 허기진 입술이 떨려도 견디어 내던 애기좀녀*들은

*애기좀녀 : 해녀물질 배우는 12세 정도의 어린 여자 아이들을 이르는 제주어.

어디서 지내고 있을까. 놀란 토끼처럼 빨간 눈동자 굴리던 그들의 모습이 아련하다.

지금은 아담한 포구지만 어릴 적 각인된 모습은 넓은 항구였다. 어부들은 밧줄로 동여맨 돛단배에 희망을 싣고, 노을 바라보며 갈치 낚으러 떠났다. 토끼섬**을 마주한 우뚝 솟은 할미당은 수호신처럼 바람을 막아준다. 초여름이면 바다 가운데 또 하나의 초원이 펼쳐지고 파도가 입김을 불어준다. 토끼섬은 수선화과의 문주란이 해무에 옹골차게 대를 밀어 올려 장관을 이룬다. 문주란꽃은 순백색으로 7~9월에 만발하여 짙은 향기가 마을로 달려왔다. 훤한 달밤에는 토끼들이 춤을 추는 형상으로 더욱 우아하고 신비스럽다.

유년시절 해안가에는 돌담으로 둥그렇게 쌓은 불턱이 있었다. 지금은 '해녀 탈의장' 건물이다. 불턱에서는 물질을 마치고 수경을 벗으며 올라온 해녀들이 모였다. 활활 타오르는 불길에 몸을 말리면 활력이 솟아났다. 양지에는 차가운 몸이 따뜻하기도 전에 엄마 품속으로 달려드는 아기들의 울음소리가 가냘프게 들렸다. 동생이 젖 먹

**토끼섬: 천연 기념물 제19호, 수선화과의 문주란 자생지.

는 동안에 망사리 뒤져가며 구워먹던 소라와 미역귀 맛은 잊을 수 없다. 검불재가 붙어 있는 미역귀는 아기를 돌보는 힘의 원천이 되어 건강을 지켜주었다.

어릴 적 집에는 거동이 불편하신 할머니가 계셨다. 밤이면 '일제 강점기'에 있었던 한 많은 세월을 탓하며 가슴을 쓸어내렸다. 할머니의 외동딸 고모님은 야무진 상군해녀였다. 마을에는 일본 순사들이 감시를 하는 척하면서, 처녀를 납치하는 일이 빈번하다는 소문이 돌았다. 납치의 예방책으로 처녀들은 이웃마을이나 시장 갈 때는 남장을 했다. 처녀를 둔 부모는 군대 간 청년을 물색하여 정략결혼을 시키고 서러운 세월을 넘나들었다.

할머님이 상군해녀로 해산물을 많이 채취하던 시절 해산물은 반드시 일본 해조회사에 팔아야 했다. 해녀들은 일본 상인이 저울을 감량하며 무시하는 처사에 불만이 점점 커져갔다. 불턱에서는 해녀의 권익옹호를 위하여 해녀회를 조직하고 단결하였다. 부당한 처사에 1932년 요원의 불길처럼 제주의 천지를 흔들었던, '해녀 항일운동'은 국내 최대의 어민봉기로 역사에 남았다.

일제 강점기 항일운동에 희생된 선대들의 애환을 기리

고 있다. 후손들은 '항일운동 기념사업' 추진위원회를 조직하였다. 그리고 공원을 조성하고 번듯한 '해녀 박물관'을 건립하여 해녀문화를 전승시키고 있다. 해마다 해녀 축제가 열린다. 드디어 제주의 상징인 제주 해녀가 '세계 인류무형문화유산'에 등재되어 쾌재를 부른다.

옛 추억을 떠올리며 해안도로를 걷다보니 바다를 등지고 있는 해녀동상이 손짓한다. 우도가 보이는 해변에 모시 조개가 있는 해수욕장이 펼쳐진다. 염수와 담수가 합수되는 지류에 플랑크톤이 풍부하여 철새들은 날아와 둥지를 찾는다. 천연 호수 얕은 수면 위로 파란 하늘이 내려오면 초록비단으로 드리워진다. 호수에는 백로와 가마우지들이 창공을 수놓으며 바람 따라 풍경화를 그려낸다. 일렁이는 윤슬에 청둥오리들이 텃새인 양 짝짓기하며 노닌다.

별방마을은 하도리의 옛 지명이다. 캄캄한 하늘에 무수한 별들이 호숫가에 내려와 소곤거리는 아늑한 요람이다. 별이 쏟아지는 방이다. 천연 호숫가 갈대밭 속으로 사계절 맑은 용천수가 쉼 없이 흐른다.

빙떡

은빛 억새들이 가을을 노래한다. 드넓은 들녘에 휭휭 돌아가는 풍차들이 이국적이다. 머리 풀어헤치고 온몸으로 풍상을 견뎌내고 있는 억새의 춤사위가 격정적이다. 봉긋봉긋 솟아난 오름들이 감성을 자극하며 선명해진다. 찬란한 은물결이 출렁이는 따라비 오름 둔덕이다. 넓은 메밀밭 이랑에 사위어 가는 알곡이 고개 떨구고 있다. 메밀꽃이 활짝 피었던 시기에 다녀간 뒤로 다시 왔다.

메밀은 생육 기간이 짧고 추위에 잘 견딘다. 환경에 대한 적응성이 강하고 한대지방이나 높은 산지에서도 잘 자라는 오곡 중 으뜸이다. 고려 시대 몽고인들이 삼별초의 마지막 항전지인 탐라에 씨앗을 가져와 재배하기 시작했다. 몽고인들은 소화가 잘 안 되는 메밀로 탐라인을 골탕 먹이고 타락시킬 계략이었다. 하지만 사람들은 메밀로 여러 가지 음식을 만들어 먹는다. 지혜로운 삶을 살아오고 있다.

메밀의 찬 성분을 무의 따뜻한 기운이 감싸주기 때문에 메밀과 무는 찰떡궁합이다. 제주에서는 오래전부터 메밀로 만든 메밀빙떡, 메밀수제비, 꿩 메밀국수 등에 무를 넣어 먹었다. 토속적인 향토음식 중, 빙떡은 남녀노소 누구나 좋아한다. 메밀가루 반죽을 엷게 타서 국자로 빙글빙글 돌리면서 빙철에서, 지진다는 뜻에서 유래되었다. 소를 넣어 빙빙 돌려 만든다는 뜻에서 나왔다는 말도 전해진다. 어른들은 요즘도 빙떡을 전기떡이라고 한다.

예전에는 이웃이나 친족에게 경조사가 생겼을 때 부조扶助음식이다. 빙떡을 대바구니에 가지런히 담아 보내는 풍습이 있었다. 그리고 옛날 서당에서 선비가 장원급제하면 선비의 어머니는 정성들여 빙떡을 만들었다. 훈고령* 가득 담아 훈장님께 감사의 마음을 전했다. 요즘 말로 크게 한 턱을 단단히 쏘았다는 뜻이리라. 지금도 잔치 음식상에 도톰한 빙떡이 있으면 잘 차렸다 하여 입맛을 다시며 손이 먼저 간다.

어렸을 적 빙떡에 대한 추억이 눈앞에 선연하다. 어머

니는 외조부님 제사가 다가오면 부엌 마루에 멍석을 펼쳤다. 탈곡하여 잘 말려둔 메밀을 항아리 속에서 가져와 돌ᄀ레**에 조금씩 넣으며 돌린다. 삶의 애환과 웃음을 같이 넣으며 갈아 낸 메밀가루로 반죽을 한다.

아궁이에 불을 지피고 무쇠 솥뚜껑을 뒤집어 달군 뒤 참기름 바르며 둥글게 지져내었다. 채 썬 무를 살짝 데친다. 실파와 깨소금 훌훌 치면 보기 좋다. 노르스름하게 지져낸 전에 준비한 소를 넣어 양쪽을 살짝 누르면 도톰하여 먹음직하다. 곱게 만들어진 빙떡은 차곡차곡 제물로 준비한다. 식구들이 먹을 빙떡은 돼지고기 기름으로 지져내어도 맛나게 먹었다. 빙떡을 대차롱***에 수북이 담아 외가로 갈 때 엄마의 얼굴은 훤한 보름달이었다.

친정엄마는 딸들이 결혼하여 출산 예정일이 다가오면 메밀가루와 미역을 준비한다. 산모에게 처음 만들어 주는 간식은 메밀가루로 만든 말랑한 수제비이다. 소고기 육수에 미역을 넣고 익반죽을 한 수저씩 떠 넣으면 맛있는 산모의 보양식이다. 따뜻한 음식은 산모의 자궁에 남아있는 나쁜 피를 삭혀준다. 혈액순환이 잘되게 하고 산모의 원기가 빠르게 회복된다. 모유가 잘 나오며 임신 기간에 나타난 기미도 차츰차츰 없게 하는 효능이 있다. 사랑하는 며느리 출산 예정일을 앞두고 메밀가루를 준비하고 보니 지나간 일들이 그립다.

늦가을부터 겨울의 별미음식은 단연 꿩메밀 국수이다. 텅 빈 들녘을 걷다 보면 노란 된장콩을 수확하고 거둬들인 밭에서 푸드덕 날아다니는 꿩들이 많다. 콩과 열매 부지런히 쪼아 먹고 포동포동 살이 오른 꿩을 아버지는 삼촌에게 부탁해둔다.

겨울날 오후에 부엌 쪽에서 꿩 털이 날리고 날갯죽지를 메달아 놓으면 신이 났다. 식구들은 둘러앉아 제 몫 챙기기에 바쁘다. 살점을 뜯어 먹은 후 육수를 내어 칼국수 만들면 담백하다. 맛있게 먹은 음식들이 잔병을 예방하는 보약이 되었을까? 형제들이 모두 건강한 체질이다.

메밀은 열량이 낮고 소화가 잘되어 성인병 예방에 탁월한 효과가 있다. 루틴이라는 성분도 풍부하게 함유되어 있어 다이어트 식품으로 손꼽힌다. 메밀껍질 또한 베개 속으로 넣으면 어른들은 건망증이나 치매를 예방하며 건강이 좋아진다. 메밀껍질로 만든 베개에 아기를 눕히면 뒤통수가 예쁘장하다. 근처 동사무소에서는 공터에 메밀을 재배했다. 출생신고하면 유아용 베개를 선물한다. 참으로 기발한 아이디어가 아닌가? 어쩌면 출산율을 높이는 계기가 되리라.

메밀의 연한 잎사귀는 데쳐서 나물로 무쳐 먹어도 맛있다. 어느 한 부분 버릴 것이 없는 황금黃金작물이다. 성인병을 예방하며 피로회복과 다이어트에 좋은 따끈한 메밀차를 마신다. 메밀이 제주 조상들에게 전화위복轉禍爲福으로 보답하고 있는 듯하다. 선조들이 지혜롭게 살아온 음식문화를 보존하며 전승하고 싶다.

---

*ᄒᆞᆫ고령: 대오리나 차풀의 줄기로 엮어서 작게 만든 바구니 그릇.

**돌ᄀᆞ레: 돌로 만든 맷돌.

***대차롱: 대나 싸리를 쪼개어 네모나게 엮어, 뚜껑이 있게 만든 음식을 담는 그릇.

5부

어머님의 유산

아! 바로 그 냄새

때늦은 함박눈이 팔랑거린다. 멀리 보이는 한라산 비탈진 계곡에 백설이 드리워져 눈부시다. 부엌에 걸려 있는 달력 표지에 소복이 눈쌓인 장독대를 보며 장 담글 생각으로 계획을 세워본다. 조상들의 지혜와 혼으로 만들어진 크고 작은 항아리들은 언제 보아도 정감이 솟아난다.

시어머님으로부터 물려받은 유일한 유품은 된장 항아리다. 펑퍼짐하고 넉넉함으로 윤기가 흐르는 품새는 일찍 돌아가신 어머님의 후덕한 모습이다. 제주에서는 음력 섣달 안에 장을 담가야 맛이 좋다고 한다. 다른 지역보다 기온의 편차가 있기 때문이라는 생각이다.

달력에 그려진 십이간지의 동물을 보면서 장 담글 날을 골라본다. 우선은 식구 중에 띠가 없는 날을 살폈다. 그

것도 우리 고장만의 풍습인지 모르겠다. 나름대로 온순한 동물이라야 된장 맛이 구수할 것이라는 생각에 토끼(卯)날로 정했다.

된장 담그는 일은 연례행사다. 메줏덩이를 정성스레 띄우고 장 담글 준비로 천일염도 구입하여 간수를 충분히 뺐다. 어느 여류작가는 된장을 오덕마님이라 표현하였다. 원심圓心과 항심恒心 불심佛心, 그리고 선심善心과 화심和心이다. 그중에 나는 화심이 제일 마음에 와 닿는다. 화심이란 어떤 음식과도 폭 넓게 어울리는 조화의 성품 때문이다. 어쩌면 쭉 고른 메주콩의 속성 때문에 친화력이 있는 것일까?

톡톡 구르는 메주콩처럼 도란도란 정담을 나누던 날들이 그리움으로 다가온다. 해 질 녘 시골마을에 커다란 팽나무 그림자가 드리우면 강아지들이 꼬리치며 짖어댄다. 멀리서 초가집 사이로 피어오르는 연기를 보면 좋아했던 어린 시절이다. 밭일 나갔던 부모님이 돌아오면 서둘러 저녁 짓는 시간은 분주하다. 부엌 아궁이마다 활활 타오르는 불길에 온몸을 녹이면 그 따뜻함이 좋았다. 온 식구가 둥그런 밥상에 둘러앉아 밥그릇을 앞다투어 끌어당겼다.

어릴 적 친정에는 밭농사를 많이 지었다. 경제 작물로 유채를 재배하고 보리 수확을 하고 나면 가을걷이 작물로 콩을 파종했다. 떡잎부터 올라온 콩은 파릇파릇 나비가 춤을 추는 듯 이랑을 흔들며 자랐다. 콩밭에 잡초를 제거하다 점심때가 되면 나무 그늘 쉼터를 찾았다. 아기 손바닥 같은 콩잎을 뜯어서 된장에 싸먹으면 밥도둑이 되었다. 오후의 나른함을 물리치는 영양분이 되었다.

늦은 가을에 콩 수확을 하고 타작하는 날이면 마당 가득 멍석을 펼친다. 아버지는 도리깨질로 콩을 두들기며 구슬땀을 쓸었다. 언니와 나는 짚단 나르는 일손을 더했다. 타작이 끝나면 어머니는 된장 만들 콩을 제일 먼저 손질했다. 할머니는 쭉정이를 골라내며 구수한 옛날이야기를 콩 튀기듯 잘했다. 정성을 다하여 항아리에 가득 담아놓은 콩알은 반질반질 고운 황금알이다.

북풍이 불어오면 아버지는 땔감으로 장작을 준비했다. 공동수도 물을 길어다 항아리 가득 채우는 것은 나의 몫이었다. 어머니는 준비해놓은 콩을 씻고 밤새 담가둔다. 이른 새벽부터 메주콩 삶는 냄새가 온 집안에 퍼졌다.

눈 비비며 일어난 동생과 익은 콩을 허겁지겁 맛있게 먹었다.

누렇게 익은 콩은 자루에 담아 발로 밟기도 하고 치대면서 으깨었다. 아버지는 커다란 상판을 펼쳐놓고 메치기를 하면서 고운 메주 덩이를 만들었다. 새끼줄로 엮은 메주는 마루 천장에 대롱대롱 매달아 말린다. 눅눅한 냄새가 나면 추운 날씨에도 대문을 활짝 열어 환기시켰다. 어쩌다 검은 곰팡이가 생기면 호호 불어대는 어머니의 정성이 대단했다. 어른들은 된장 맛이 좋으면 집안에 좋은 일이 생긴다며 그해 운수를 된장 맛으로 가늠하기도 한다.

장 담그는 날이 다가오면 커다란 그릇에 물과 소금을 풀어 저어준다. 메주는 솔을 이용해 틈새에 피어 있는 곰팡이를 씻어내고 양지바른 곳에서 말린다. 메주를 커다란 항아리에 넣고, 소금물을 부은 뒤 달걀을 띄워 본다. 바싹 마른 붉은 고추 몇 개 둥둥 띄우고 숯을 불에 빨갛게 달궈 넣으면 부지직 소리가 난다. 시간이 흐르고 밤낮이 바뀌면서 구수한 냄새가 풍기면 안심이 되었다.

맛나게 익어가는 된장 항아리 속에서 시골밥상 냄새가

풍겨온다. 아! 바로 그 냄새이다. 한겨울 추워서 어머니 가슴팍 속으로 얼굴 묻으면, 광목누비적삼 속에서 났던 그 냄새이다. 아! 마음이 열리며 눈물이 쏟아진다. 풍기는 냄새 속에 자식 사랑의 밀어密語도 숨겨 있는 것일까. 콩, 항아리, 햇빛, 훈풍, 그리고 짜디짠 소금 정성 그게 다 어머니 마음이었던 걸 이제야 알겠다.

올해도 담가 놓은 된장 항아리 속에 메주들이 노르스름하게 익어간다. 바람이 불어주는 훈풍에 간장은 발갛게 우러나겠지. 잘 익은 된장을 으깨고 항아리 가득 담아놓으면 황금이 부럽지 않다. 잘 숙성된 된장으로 음식을 만들면 맛있는 건강밥상이 차려진다. 숙성된 항아리 속에는 소박하고 정겨운 고향의 풍경과 어머니 냄새가 퍼져서 마음은 넉넉함으로 행복해진다.

햇볕 좋은 날 된장 항아리 뚜껑을 열어놓으며 나직이 불러본다.

어머니!

항아리 속 공기가 구수한 냄새로 화답한다.

봄눈 녹듯이

일요일 저녁이면 마음이 설렌다. 방청객들과 시청자들의 공감 온도는 몇이나 될까 궁금하다. 강연을 보면 주제의 주인공처럼 흥분된다. 뜨거운 손을 마주하고 고개를 끄덕이면 마음이 맑아지고 감정이 순환되어 기분이 좋아진다.

어느 날 응어리를 풀어라! 하는 주제의 강연이다. 젊은 호스피스 의사가 열강하며 마음을 빼앗는다. "의사는 환자의 병을 치료해 주기도 하지만, 마음속의 고통을 치유하는 것이 최선이다." 하며 실화를 들려준다. 어느 날 시한부 환자인 오십 대 중반의 남자분은 아들의 결혼식장에 참석하고 싶어 했다. 만일 그럴 수 있다면 죽어도 여한이 없겠다며 통곡을 하더란다. 그분의 가족들과 의논하여 산소통을 설치하고 혼주 좌석에 편히 앉을 수 있게 도와드렸다. 아들의 결혼식을 마치고 숨을 헐떡이며 죽어도 여한이 없다는 고백에 손을 마주하고 다독였다.

일주일 후에 그분은 돌아가셨다. 유족들이 찾아와 편히 보낼 수 있음에 고마움을 전했다. “의사가 한번 웃으면, 환자는 열 번 웃는다.” 하는 말로 진지한 강연을 마쳤다. 마음속에 쌓인 응어리는 꼭 풀어야 한다고 강조한다. 많은 공감과 소통으로 방청객들의 표정이 밝아져서 공감 온도는 최고 점수이다.

요즘 비가 추적추적 내린다. 지난봄에 돌아가신 부친 얼굴이 떠올라 가슴이 뭉클하다. 어느 날 건강검진을 받고 안색이 굳어진 표정에 불안이 엄습했다. 재검사 결과 회복이 어려운 병명에 가족들은 안절부절못했고 먹구름이 삽시에 덮쳤다. 아버지는 병원에 입원하여 병마와 싸우며 침울해 하셨다. 이별의 순간을 헤아리는 얼굴로 지나간 일들을 말하였다. 아버지와 대화를 나누다 순간적으로 나의 무의식 속에 잠재하던 응어리가 꿈틀거리며 요동쳤다. 나만의 고민을 몇 번 주저하다가 용기를 내었다.

엄마의 품속을 더듬는 세 살에 생모와 헤어지는 아픔을 안았다. 생모의 얼굴을 모르는 철부지는 새어머니의 편견 없는 사랑으로 명랑하게 자랐다. 하지만 생모에 대한 그리움은 가슴속에 뭉쳐 있었다. 사춘기가 시작될 무렵, '생모는 그림의 떡'이라는 생각으로 얼마나 슬퍼했는지 울보가 되었다. 부모님이 헤어진 이유를 따지려 들면 눈치 빠른 할머님이 "네가 자라면 자세히 말해주마." 하며 나의 손목을 잡았다. 쓸어주는 다독거림에 소소한 갈등과 원한은 속울음으로 달래며 자랐다.

어느덧 세월은 흐르고 지천명을 훌쩍 넘었다. 부모님의 이혼에 대한 원망도 용서하고 사그라진 줄 알았다. 하지만 응어리는 돌덩이처럼 짓눌러 세월 속에 묻혀 그대로 있었다. 아버지를 마주하면 잠재된 감정들이 용서와 화해를 추궁하는 게 아닌가? 어릴 적 쌓은 원한을 풀지 못하면 진심으로 아버지를 사랑할 수 없다는 생각이 들었다. 영원히 후회하리란 다급함에 용기를 내었다. 얼굴을 붉히며 떨리는 음성으로 하소연하는 마음을 아셨는지 손을 내밀었다. 그리곤 회한의 눈빛으로 "딸아! 아버지 용서하라. 유독 너를 고생시켜서 미안하구나." 하는 말을 하셨다. '피는 물보다 진하다.' 하는 뜻을 생각하며 억장이 무너져 실컷 울었다. "아버지! 아버지 사랑합니다."

아버지의 야윈 몸을 부둥켜안고 중년인 딸은 한참 어깨를 들썩이며 울었다. 지나온 세월의 뒤안길을 뜨거운 입김으로 호호 불며 자초지종을 들었다. 세월의 강에서 조심조심 풀어낸 응어리는 깊은 물속으로 힘껏 던졌다. 텅 빈 가슴에 따스한 바람과 희망을 불어넣었다. "말 한마디가 천 냥 빚을 갚는다." 하는 속담이 스치며 아픔을 위로해 주었다. 봄눈 녹듯이 쌓인 감정들은 흔적 없이 사라지고 소중한 천륜의 꽃을 활짝 피웠다.

어느 순간에 나를 붙들고 떨리는 음성으로 "여한이 없다." 하시던 우리 아버지!

만물이 화창한 푸르른 오월에 모든 고통을 벗어놓고 고운 모습으로 영면하셨다. 숨이 멎은 순간에 부친의 고운 볼에 입맞춤 해드리며 감사의 눈물을 여한없이 흘렸다.

출상하는 날 아침 동쪽 하늘에 붉은빛이 사방으로 드리우고 훈풍이 불어왔다. 언제나 빙그레 웃으시던 아버지의 온화한 모습은 큰 바위 얼굴처럼 가슴에 선명히 새겨졌다. 아버지! 사랑합니다.

소 쌀밥나무

장마철이 다가오니 후덥지근하다. 길섶의 풀들도 갈증으로 축 늘어져 허우적거린다. 이때쯤이면 몰려올 먹구름에 대비하여 농촌에서는 곡식 갈무리로 한창 바쁠 때이다. 유채나 보리를 수확한 밭에서는 검은 연기가 치솟아 비구름을 만드는 것으로 생각하던 유년시절이 떠오른다. 공기가 텁텁한 도로를 벗어나 '교래 자연휴양림'으로 들어섰다.

곶자왈 생태관찰로와 오름 산책로를 개설한 자연휴양림이다. 난대림과 온대림, 양치식물이 공존하는 독특한 숲이라 선선하다. 매표소 초가지붕을 보니 제주다움에 아늑함이 다가온다. 초입에 눈길을 사로잡은 천남성 보라색 꽃이 고개 떨구며 계절을 노래한다. 선조들이 산전을 일구었던 움막 터, 숯을 만들며 살았던 가마터 흔적에 잠시 머문다. 하늘을 올려보며 울퉁불퉁 자갈길을 걷는다. 다급한 새 울음소리가 유혹하여 다가서니 휙 날아가 방해꾼이 되었을까 미안하다.

숲 속에서 공생하는 식물들의 무성함은 조화로움의 극치이다. 쓰러진 나무 우듬지에 넝쿨이 점령하고 공존을 위해 잡아당기듯 팔 벌려 너울거린다. 하늘 향해 치솟는 나무가 있고 땅속 기운으로 영토를 확장해나가는 줄기 찬 양치류식물이 많다. 나뭇잎 사이로 살랑살랑 불어오는 맑고 청량한 공기가 폐부 깊숙이 자리한다. 자연의 오묘함이 가득하다.

장마가 시작되기 전에 이곳에 오면 유혹하는 자귀나무가 오색의 향연으로 춤춘다. 숲 터널을 지나면 큰지그리오름 방향으로 쉼터 원두막이 있다. 그 주변은 초지 구간이라 때로는 소들이 풀을 뜯으며 되새김하고 커다란 눈으로 반기는 곳이다. 목장으로 들어가는 입구에 새로운 통행금지 표지판이 길을 막는다. "야생진드기에 의한 바이러스 감염환자가 발생함에 따라 통행을 금지합니다." 얼마 전에도 야생진드기 환자가 치료를 받다 목숨을 잃었다. 지구의 온난화 때문일까.

통제로 인하여 화려한 자귀나무를 가까이 볼 수 없는 아쉬움에 한참을 바라본다. 삼나무와 편백이 우거진 오솔길 따라 오름 정상에 올라갔다. 가까이 보이는 한라산의 품 안에 봉긋한 오름이 진초록 옷으로 계절을 껴안고 향기로움을 발산하고 있다. 우리의 정다운 모습으로 다가온다.

전망대에서 아래쪽으로 유심히 바라본다. 팔 벌린 자귀나무가 화려한 부채를 흔들며 산바람을 휘젓고 있다. 진녹색 잎사귀에 연분홍색 수술이 혓바닥을 내민 듯 치켜올려 화려한 꽃이다. 송아지들도 부드러운 자귀나무 잎사귀를 잘 먹어서 소 쌀밥나무라고 한다는 말에 유혹되어 자귀나무 꽃을 보러왔다.

자귀나무의 꽃말은 '환희', 가슴의 두근거림이 더욱 신비롭지 않은가. 또한 자귀나무를 '합환목合歡木'이라 한다. 지역에 따라서는 야합나무, 잠자는 나무 등으로 부르고 있다. 오색으로 찬란하게 치장하여 뿜어내는 향기 때문일까. 어른들로부터 귀신나무라는 말을 듣고 꽃구경하면서 무서워한 적도 있다.

부부 금실을 상징하는 자귀나무 꽃은 6~7월에 공작새의 꼬리털처럼 화사하게 피어나 작은 부채모양이다. 해가 기우는 시간에 더욱 고운 빛을 발한다. 해가 지는 순간 펼쳐졌던 잎이 열정적으로 서로 마주보며 접혀진다. 마치 사랑하는 연인과 포옹하는 것처럼 보여서 더욱 우아하다.

자귀나무는 효능이 다양하다. 화려한 꽃은 건조하여 차로 마시면 혈액순환을 좋게 하며 불면증에 특효가 있다는 내용을 유심히 보았다. 특히 신혼부부 침실 앞 창가에 심어 잘 자라면, 사랑과 행운이 드리운다는 흥미로운 글을 읽었다. 마음의 텃밭에 자귀나무를 심었다.

몇 년 전 보금자리를 옮길 계획으로 고민하고 있었다. 위치와 전망이 좋은 곳이면 선택하려고 발품을 팔았다. 마침 건축하는 아파트단지가 있어 둘러보던 중 소나무와 자귀나무도 있어서 행운이라 생각했다. 새들의 지저귐에 안락한 둥지로 마음을 결정했다. 동 호수가 선정되어 찾아가 보니 커다란 나무들이 마치 수목원처럼 싱그러웠다 .

가을에 입주하고 그곳을 바라보니 커다란 자귀나무가

없어졌다. 눈을 의심하며 둘러보니 움푹 파인 자리가 남아 있다. 이식해버린 것이 분명하다. 서운함이 내린 곳에는 정원수에 적합한 매실나무, 감나무, 야자수 등으로 조성하여 계절을 나뭇가지에 매달고 있다. 올봄 눈독을 들이던 그곳에 조그만 자귀나무가 뿌리에서 돋아나 푸른 잎을 펼치며 잘 자라고 있다. 신통한 일이다.

방목하는 소들이 한가로이 쌀밥나무 먹는 모습을 그려본다.

문학기행 잔상

신록이 푸르른 오월이다. 제주수필문학회 20주년을 맞이하여 도외문학 기행에 나선다. 청주 푸른솔문학회에서 '제4회 버드나무 문화축제'에 초청을 해준 덕분이다. 날씨가 쾌청하여 마음이 한결 가볍고 느낌이 좋다. 공항에 마주한 회원들의 덕담과 표정에 우정과 희망이 보인다.

김포공항에 도착하여 청주행 리무진 버스에 몸을 싣고 달리는 창밖 풍경은 아름답다. 짙은 녹음이 들뜬 마음에 부채질해준다. 목적지에 도착하니 현수막이 손짓하며 반긴다. 문의향교에 도착했다. 회장님과 문학회원들의 환대에 감사하다. 그 순간 행복한 마음을 아름드리 버드나무 가지에 걸었다.

행사에 앞서 향교 앞뜰에 제주의 온기를 먹고 자란 3년

생 동백나무를 기념식수로 심었다. 따가운 햇살 아래 아기동백은 회원들의 박수갈채가 부끄러운 듯 고개를 숙인다. 커다란 버드나무를 의지하여 계절 따라 풍상을 이겨내고, 매혹적인 꽃봉오리와 꽃술로 꿀벌을 유혹하는 향기를 피워 냈으면 좋겠다. 그리고 튼실한 동백열매 맺어 번성하길 소원하며 셔터를 눌렀다.

청주회원들이 정성껏 준비한 음식에 입을 호사하며 정담을 주고받으니 감사하고 흡족한 마음이다. 행사 일환으로 호드기 만드는 시범을 보인다. 물에 담가놓은 버드나무가지를 직접 다듬어서 입김으로 소리를 확인한다. 만드는 호드기는 정말 신기하고 생경하다. 축제 마당에 전시된 푸른솔문학회 발자취를 둘러보니 동호인들이 발간한 책, 서화 등이 전시되고 있음에 부럽다. 여느 축제와 다른 문학적이며 화합하는 지적인 느낌과 정겨움이 보인다.

호드기 불기 대회가 시작되어 진지한 표정이다. 저마다의 기량을 과시하며 음색을 뿜어내는 개인기에 웃음과 박수가 터져 나온다. 호드기 불기에 출전한 제주팀 선생님이 마이크 잡은 기회에 노래를 자청했다. 상큼 발랄한 분위기가 한층 고조되어 신명이 절로 난다. 시상식이 끝나고 문학특강과 수필 낭송은 문학 교류의 참모습이다. 미래를 향한 원동력이 될 듯 감동적이다. 이어진 경품 추첨에서 당첨된 행운의 주인공은 함성을 지르며 좋아한다. 제주 회원들이 당첨된 쌀, 선풍기 등은 받은 후 선물로 기증했다. 기쁘고 즐거운 마음만 챙겼으니 흐뭇한 광경이 아닌가.

저녁 식사 후 향교 마당에 다과상을 마주한 회원들은 격려하며 앞으로 지속적인 교류를 약속한다. 휘영청 밝은 달이 훤한 얼굴로 마당에 내려와 주억거린다. 한참 분위기 좋을 때 우리는 내일의 일정에 기대를 걸며 숙소로 향했다.

녹색수도 청주의 푸르른 가로수가 상큼한 향기로 제주 손님 방문을 환영한다. 청남대로 향하는 시티투어에서 청주문화원 문화해설사의 열강에 심취하여 공감하였다. 청남대 입구부터 잘 정비되어 있는 수목은 울창하다. 따스함과 푸름이 펼쳐지는 곳에서 눈이 호사한다. 청남대 별장을 관람하며 전직 대통령들의 일상을 엿보니 고개가 끄덕여진다. 산책로의 맑은 정기에 하늘거리는 단풍나무

여린 잎들이 이색적이다. 수목들이 고운 자태로 유혹하지만 아쉬운 마음을 숲 속에 남기고 돌아섰다.

푸른솔문학회원의 안내로 공군사관학교 교정에 들어선다. 창공을 비행하는 비행사 교육받는 과정을 경청하며 하늘로 우주로 대한의 건아들을 떠올린다. 본관 건물에 전시되고 있는 6 · 25전쟁 당시, 팔만대장경 경판을 지켜 내신 김영환 장군의 투철함에 고개 숙인다. 합천 가야산 작전명령을 들으니 참으로 위대하신 분이다.

발걸음을 옮겨 "세계의 길을 열다." 금속활자의 위대한 발명인 청주 고인쇄박물관 탐방에서 세계기록유산으로 등재된 '직지'의 뜻을 마음에 새겨본다. 직지란 직지인심견성성불直指人心見性成佛에서 온 말이다. 참선하여 사람의 마음을 바르게 볼 때, 그 마음의 본성이 곧 부처님의 마음임을 깨닫게 된다는 뜻이다. 즉 직지는 "직접 다스린다. 바른 마음을 직접 정확하게 가리킨다."는 뜻으로 설명되어 있다. 현존하는 최고最古의 금속활자 인쇄술의 발명으로 인류 문화발전에 발전을 거듭한다. 정보혁명의 4단계라 하는 컴퓨터를 탄생시켰다. 참으로 선조들의 지혜가 놀랍고 위대하다. 박물관 주변에 있는 흥덕사의 금당 전경은 고즈넉하다.

상당 산성은 한민족의 기운을 형성하고 청주의 역사와 교육문화의 유적지이다. 원형이 잘 보존된 조선 중기 대표적 석성이다. 도심 가까이에 있으면서도 고풍스런 풍광이 빼어난 곳이다. 향긋한 냄새와 신선한 공기가 산성 가득하다. 철쭉꽃에 둘러싸인 '매월당 김시습의 시비'에서 회원들은 기념촬영을 한다. 넓은 산성 곳곳을 둘러보지 못해 아쉬운 마음이다.

청주의 자연경관과 문화유적을 둘러보며, 자연풍광이 뛰어난 세계인의 보물섬 제주를 떠올린다. 앞으로 문학인들이 문화를 교류하는 기회를 자주 가졌으면 좋겠다고 생각하면서 청주를 떠났다.

어머님의 유산

매서운 공기가 엄습해온다. 북풍한설이 후려치는 날씨에도 불구하고 이사를 많이 하고 있어 걱정이다. 신구간에는 집안을 고치거나 이사를 하여도 후탈이 없다는 믿음은 미풍양속이지만 많이 변모해간다. 눈발이 날리는 날에 이사하는 짐 꾸러미를 보면 지나간 일들이 선연히 떠오르며 추억의 창고 문이 스르르 열린다.

결혼하여 세 번째 이사를 앞두고 보금자리를 마련했다. 번듯한 문패를 달아 놓을 수 없는 작은 아파트다. 하지만 주변 환경이 아름다운 동네여서 아늑하다. 아파트를 계약하고 온 날 저녁에 식구들과 자축 파티를 하며 잠을 설쳤다. 초롱초롱한 아이들 눈망울에 찬란한 희망의 쌍무지개가 피어오르던 순간은 잊을 수 없는 밤이다.

그해 이사를 앞두고 날씨가 연일 추웠다. 밤새 진눈깨비가 흩날리는 새벽 5시에 솥단지가 새집으로 들어가는 시간이다. 어른들의 지시에 따라 보자기에 성냥, 밥솥을 싸고 둘러메어 나섰다. 팥과 소금은 주머니에 넣고 동장군을 벗하여 삼십여 분을 걸었다. 떨리는 손으로 현관문을 열어 젖히고 집안 곳곳에 팥과 소금을 힘차게 뿌리며 중얼거렸다. 서둘러 밥솥에 밥을 지으니 구수한 냄새가 온 집안에 퍼진다. 온기는 잡귀를 물리치며 주인이 바뀌었음을 알려주는 듯 사방이 포근해진다.

가져온 가구들을 제자리에 정리하다 보니 2년 전에 구입한 텔레비전이 고장나 벙어리가 되었다. 새벽녘에 누군가의 부주의로 브라운관이 망가져서 속상하다. 성급한 마음에 친정어머니에게 자초지종을 말했더니, "큰 액운을 물리친 것이다."라며 위로해준다.

이사 온 동네는 새로 개발된 지역이라 소나무가 울창하다. 유채밭 경계인 돌담과 파란 보리 물결이 일렁이며 아름다운 풍경을 만들어주는 안락한 곳이다. 봄이면 땅속에서 피어오르는 물안개는 보석처럼 반짝인다. 파릇파릇 새싹이 올라오는 딸기밭의 훈풍은 아지랑이 사이에 열매를 소복이 밀어올렸다. 벌, 나비 곤충들이 날아드는 천혜의 학습장처럼 신기하다. 장마철이면 근처 물웅덩이 주변에서 개구리 합창 소리가 생기 넘치게 계절을 노래하는 즐거운 곳이다.

놀이터에서 뛰어노는 아이들 모습을 보며 집안일을 할 수 있는 행복은, 저녁 찬거리가 없어도 배가 불렀다. 남들보다 큰 행복의 바구니를 소유하고 있는 착각으로 언제나 감사한 나날 속에 아이들의 희망도 점점 부풀어올랐다.

어느 날 평온한 집안에 먹구름이 몰려왔다. 언제나 종종걸음이시던 시어머님이 병원에서 암울한 진단을 받았다. 힘든 몸을 부축하고 병원에 다녀오는데, 아담한 남의 집 대문을 바라보며 걸음을 멈추었다. 지극히 부러운 눈빛으로 바라보는 모습에 얼른 "저희도 언젠가는 대문에 문패를 달겠습니다."라고 당돌하게 말씀드렸다. 어머니는 그 순간 빙그레 웃으시며 고개를 끄덕이고 힘을 내어 발걸음을 옮기셨다. 아이를 돌보며 수발하는 나에게 유언처럼, "며느리야! 너만 믿는다! 도와주지도 못하고…." 미안하다는 말만 연거푸 하시며 우셨다. 철부지였던 며느리는 '어머니! 걱정 마세요! 주택 마련하여 문패도 달고, 아이들도 훌륭히 잘 키우겠습니다.'라는 말을 하려고 했지만 눈물이 앞을 가려 입 속에서만 맴돌았다. 가족들은 최선을 다했지만 늦은 봄 고통을 뒤로하고 영면하셨다.

자신과의 언약을 지키려고 부업을 하며 저축의 목표를 세웠다. 그해 가계부 표지에는 '비중에 제일 무서운 비는 낭비이다.' 라는 표어를 써놓고 식구들과 근검절약을 실천덕목으로 삼았다.

계절이 몇 번 바뀌는 동안, 아늑한 보금자리와 정든 이웃들을 뒤로하여 다시 이곳으로 이사 왔다. 더 넓고 편한 곳으로 옮겨왔지만 사계절 변화에 옷을 선명히 갈아입었던 그곳의 풍경들은 첫사랑으로 남아 회색빛 그리움을 준다. 아직도 번듯한 문패는 대문에 달지 못했지만 아침이면 찬란한 햇빛이 달려들어 보금자리를 둘러본다.

어느 날 시댁에 갔더니 주인 잃은 '재봉틀'이 나를 빤히 쳐다보는 듯 삐걱거렸다. 재봉틀의 주인은 손수 작업복을 만들어 입었고 살아온 세월을 누비었다. 장손에게 이불과 요를 만들어 포근히 감싸는 사랑을 남겼다. 그러나 당신이 황천 가는 길에 입을 수의들은 친척들의 손에 의해 재봉되어지고 영원한 이별을 하였다.

맏며느리인 특권으로 유품들의 주인이 되고 보니 시댁의 어려운 일들도 앞장서야만 한다. 녹슬어가는 재봉틀 상판은 버리고 다리 위에 유리를 깔고 장식대로 만들었다. 그 위에는 어머니의 유품인 민구들이 오목조목 진열되었다. 골동품처럼 정들어가는 나의 재산목록들이다.

이번 명절에는 육지에서 내려온 손녀가 애장품들을 만지며 놀고 있다. 조상님들과 교우하는 것일까. 이것저것 만져보고 고개를 갸우뚱하며 신기해한다. 가족들이 둘러앉아 차례음식을 장만하며 화기애애하다. 애지중지하는 골동품들도 나의 수호신이 되어 빙그레 웃어준다.

인연 복

청명한 가을에 바람이 났다. 완도행 선박 편으로 설레는 마음 배낭 가득 채우고 지인 부부와 동행한다. 오래전 약속했던 여행코스이다. 자동차 네비게이션이 안내하는 초면의 목적지 전북 정읍에 있는 국립공원 내장산을 찾았다.

내장사로 진입하는 '단풍 터널'은 많은 사람들이 형형색색으로 터널을 통과한다. 단풍잎 특유의 향기는 가슴을 열어젖히고 눈을 호사시킨다. 어디선가 반갑게 지저귀는 새소리에 사방을 둘러본다. 내장사 입구 일주문 오른편에 "복중에 복은 인연 복"이라고 대리석에 새겨진 글귀가 나를 빤히 쳐다본다. 얼른 두 손을 합장하니 가슴에서 솟구치는 경건함과 감사함으로 뭉클하다. 이 순간 건강한 몸으로 사랑하는 남편과 동행할 수 있음이 커다란 인연 복이 된 듯 행복한 감정이 일렁인다.

서레마을이라 표시된 지점에서부터 내장산을 오르기 시작한다. 일곱 개의 봉우리로 이어진 기암괴석 형상들은 대자연의 여유로움이다. 풍만한 자태를 내밀어 어서오라 손짓하는 듯하다. 인연이라는 연쇄 고리를 풀어보며 걷는다. 마주보는 자연의 오묘함에 마음은 하늘과 땅위에 펼쳐진다. 창공에 겹쳐지는 부모, 형제, 자녀, 친구들 모습이 선명하다. 스쳐 지나는 생면부지의 등산객들도 모두 소중함으로 다가온다. 바스락거리는 단풍잎 소리에도 인연의 혼을 불어넣어 본다.

마음이 이끄는 백련암에 합장하고 들어서니 노스님께서 반갑게 맞이해 주신다. 스님께서는 "우리 절에 오셨으니 좋은 인연."이라며 매우 반긴다. 사찰 경내에 있는 정자 위로 올라와 잠시 누워보라 하신다. 먼 곳에 있는 산봉우리 형상들을 있는 그대로 쳐다보라 한다. 지금 현재 마음에 있는 근심, 걱정 모두 떨쳐버리고 편히 호흡하세요. 똑바로 누워서 스님께서 설명해주는 눈높이의 기암괴석들을 감상해본다. 정말로 삼라만상이 온화한 병풍바위이다. 짧은 순간에 마음에 새겨진 형상들과 소중한 인연이 묘하다. 자연의 신비함과 거룩함을 체험하며 스님께 합장으로 감사함을 드린다.

백련암을 거쳐 서래봉으로 올라가며 팔딱팔딱 뛰는 심장의 고동소리가 튀어 나온다. 등줄기 따라 흘러내리는 땀방울에도 행복함이 솟구친다. 큰 바위를 오르니 불출봉이 쉬어 가라 유혹한다. 삼라만상이 울긋불긋 펼쳐진 산수화에 시샘하는 검은 구름이 달려온다. 저 아래 수놓은 듯 보이는 내장사 경내의 오색연등은, 인간과 자연이 더불어 곱게 수놓은 듯 천상의 정원이다.

망해봉을 거쳐 내장산 정복을 하고 신성봉으로 하산을 한다. 어느 누가 걸어간 발자취일까? 풍상에 상처를 입은 철제 사다리가 무섭다. 때로는 비탈진 바위를 끌어안고, 붉고 노란 가을의 수채화를 만끽하는 호사는 오래된 소원을 성취하는 기쁨이다.

마지막으로 탐방한 내장사 경내에는 많은 순례자가 있다. 저마다의 소원을 발원하며 숙연히 탑돌이를 한다. 그토록 와보고 싶었던 곳에서 합장하고 가족의 축원을 발원한다. 반드시 소원이 성취되리라는 기쁨이 전신으로 퍼져나간다.

스치는 소중한 인연들이 다가온다. 오늘은 사랑하는 며느리의 생일이다. 무엇인가 일치되는 생각에 예쁘고 착한 손녀가 보석처럼 초롱초롱하다. 귀중한 보물을 얻은 심정으로 들뜨고 행복하다. 돌아오는 길 내장사 탐방로에 심은 백팔 그루의 단풍터널에서 백팔번뇌를 헤아려본다. 만나고 헤어지는 인연들을 되새겨보는 시간은 참으로 아름답다. 가족들에게 오색 단풍만큼 고운 색깔로 좋은 인연의 고리를 엮어가고 있을까? 수많은 일이 스쳐 지나간다. 탄성을 지르며 오고가는 인파 속에서 참 나를 찾으려 애써보는 순간이다.

붉게 곱게 수놓은 내장산 단풍이 너무 강렬했던 탓인가? 내장산을 다녀온 삼 일 뒤, 취급 부주의로 내장사 대웅전이 전소되었다는 뉴스에 마음이 먹먹하다. 내장사는 백제무왕 때 창건되었으며, 6 · 25전쟁 때에도 소실되는 아픔이 새겨진 곳이다. 1958년에 새로 지어진 후 많은 탐방객과 인연을 맺었을 것이다. 시월의 마지막 날에 일어난 화마는 인재라는 사실에 화가 치밀어 오른다. 어쩌면 나의 소원이 이루어진 이후라는 생각에 나와의 인연은 가슴속에 고이 간직하리라.

지금 이 순간 허공 속에 떠오르는 소중한 얼굴들이 그립다. 일상에서 소소한 일이 귀중하고 소중한 인연이라 생각하며 연계의 끈을 당겨본다. 누구와도 소통하며 공감할 수 있는 인연이면 참으로 좋겠다. 복 중에 복은 '인연 복'이라는 말이 되살아난다.

동백꽃 사연

북풍한설이 천지를 휘감는다. 산간에 많은 눈이 쌓여 겨울왕국이다. 멀리서 바라보는 한라영산에 하얀 면사포를 살포시 드리운 것 같다. 마치 설문대할망의 가슴이 풍만하여 새해의 축복이 분출되는 상상을 해본다. 태양의 찬란함이 반사되는 설산으로 달려가고 싶은 마음이다.

지금 거실에는 화사한 꽃들이 활짝 웃고 있다. 따스한 곳이라 활짝 핀 꽃눈은 더욱 부풀어서 안개꽃, 장미, 소국 등으로 나눈다. 꽃들이 말을 걸어온다. 엄동설한에 굴하지 않고 피는 고향 집 빨간 동백꽃이 다가온다.

농사를 천직으로 여기며 살아오신 부친은 노년에 건강관리를 하시며 밭일을 줄이고 욕심도 놓으셨다. 동네 어르신들과 게이트볼을 치시고 여유로운 삶을 꿈꾸던 어느 날, 급작스레 병원에 입원하였다. 불길한 기운을 몰고 온 먹장구름은 환자와 가족들에게 청천벽력으로 엄습하였다. 병원에 입원하여 검사와 치료에 최선을 다했지만 회복이 어려워진다.

마주 앉은 부모님께 추억을 찾아드릴 생각으로 고향 집으로 달려갔다. 올레가 긴 골목집 뒤란에는 수호신처럼 바람을 막아주는 커다란 동백나무가 윤기를 머금고 정열의 꽃을 피워내고 있었다. 조부모님은 외동아들이 자손번성하길 소원하는 바람으로 초가집을 지어주었다. 동백나무를 심어 신목처럼 올려보았다. 윤기 머금은 동백나무를 바라보며 부친의 회복을 간절히 빌었다.

상수도가 없던 시절, 할머니는 동백나무 둥치에 노람지*를 둘러치고 커다란 항아리를 받쳐두었다. 비가 내리면 물을 받아 식수와 허드렛물로 구분하며 주위를 청결히 하였다. 할머니는 종종 "세수할 때 물을 아끼지 않으면, 저승 가서 버린 물을 억지로 다 먹어야 한다." 했다. 한 방울의 물도 소중히 여기는 절약정신을 손자들에게 강조하였다. 세월의 풍파를 이겨낸 신목에 고혹적으로 피어 있는 동백꽃 가지를 한아름 안고 병실에 돌아왔다. 침상에 일어나 동백꽃을 보시던 아버지는 흥분된 목소리로, "야! 동백이 곱구나. 동백꽃은 환생 꽃이며 저승길에도 가져가는 꽃이다." 하며 연분홍 추억을 펼쳐 놓으셨다.

아버지는 부산에서 고등학교에 다니고 있던 중 고향에서 보낸 위급 전보를 받고 귀향하였다. 그 당시 나라의 분위기가 위태하다는 할아버지의 설득에 혼인을 결심하였다. 19세에 같은 마을 규수와 혼례식을 마당에서 조촐히 올리며 일가친척의 축복을 받았다. 사나흘 동네잔치를 하는 동안 올레 어귀에는 소나무 가지와 대나무, 동백꽃으로 솔문을 세웠다. 잔치했던 일이 엊그제 같다며 웃으신다. 할머니는 외동아들의 자손 창성을 빌며 동백나무를 귀하게 여겼다. 그 덕분에 3남 5녀의 기둥으로 잘 살아온 것이 아닌가 하며, 동백나무의 사연을 고백하였다.

지난날을 허심탄회하게 풀어내는 부친의 이마에는 세월이 새겨준 훈장이 더욱 빛났다. 병환으로 고통스러운 시간을 연명하시던 부친은 사력을 다하여 투병하였지만, 화창한 봄날 밤 가족들이 붙잡은 손을 놓고 영원한 봄 소풍을 떠나셨다.

장례 부고에 지인들의 문상이 이어지면서 많은 근조화환이 들어왔다. 장례식장 입구에 길게 세워진 화환들은 상주들을 대신하여 조문객들을 맞이하는 것처럼 향기를 발하고 있었다. 장례식장 입구가 복잡하여 조카들에게 근조화환 숫자를 세어보고 사진을 찍어 놓으라 했더니, 중학생 조카는 "전부요." 하면서 놀라는 눈치다. 기록을 잘하면 용돈을 후하게 준다는 말에 최선을 다하는 모습이 대견하고 고마웠다.

발인 날 아침 빈소에는 트럭 한 대에 가득 채워질 화환이 고인을 송별해준다. 장례식장 주인은 보기 드문 장사진이라 했지만 큰일 치르고 나서 후회가 앞섰다. 조금도 재활용 못 하는 화환들을 바라보며 부고에 '근조화환은 사절합니다.' 아니면 '화환 대신 쌀 상조 구매 상품권이 좋습니다.' 하는 문구를 넣었으면 어떻게 되었을까. 화훼 농가에는 미안하지만 화환 대신 들어온 물품으로 뜻있는 봉사를 할 수 있었을 텐데 하는 아쉬움이 남았다.

조화는 몇 년 전까지도 상여에 꽃으로 치장을 했다. 장지에 가져가서 병풍처럼 세운 것을 보았다. 상주들은 고인의 넋을 기리며 봉분을 다진 후 눈물처럼 꽃술을 봉분에 찬찬히 뿌렸다. 그리고 장지에서의 마지막 제를 올리며 고인의 명복을 빌었다. 요즘은 수많은 꽃이 무용지물로 처리되는 현실이라 안타까운 마음이다.

동백꽃을 좋아하던 부친이 떠나는 길에는 동백꽃 대신, 들녘의 노란 민들레가 먼 길을 배웅하고 있었다.

*노람지: 낫가리를 덮는 띠로 엮어 만든 이엉.

들려오는 자장가

불볕더위에 매미 소리가 우렁차다. 클린하우스 분리수거함이 깨끗하게 정리되었다. 일요일이라 폐품들이 수북이 쌓여 있지만 많이 달라졌다. 그곳에 번듯한 아기 구덕이 놓여 있다. 마치 구덕을 끌어안고 '웡이자랑 웡이자랑' 할머니의 구수한 노래가 들리는 환청에 두리번거린다. 청색빛 고운 구덕은 침상에 돗자리가 깔끔하게 펼쳐있다. 모서리는 고운 천으로 돌돌 말아서 야무지고 매끄럽게 손질해 놓은 쇠로 만든 것이다. 모양이 찌그러진 아기 장난감도 여러 개 있다. 아기를 키우고 무용지물이 되어 갖다 놓은 게 분명하지만 아직은 쓸 만해 보인다.

아기 구덕을 주워오고 싶은 욕심이 생긴다. 누군가 꼭 필요하겠다는 생각에 '혹시 필요하신 분 계시면 가져가세요.'라는 메모라도 있는지 살폈다. 아기 냄새가 폴폴 나는 구덕이 온몸에 휘감긴다. 쓰레기 매립장으로 실어 가서 부숴질 생각을 하니 그냥 내버려 둘 일은 아니다.

아까운 마음에 사진을 찍다 말고 집으로 아예 들고 왔다. 생활 민구들을 좋아하는 마음이 앞서 장식대로 써 볼까 하며 놓을 자리를 찾았으나 어색하다. 모든 물건은 제 구실을 하는 게 좋다는 생각이 앞선다. 분명 나보다 더 필요한 사람이 있을지 모른다는 생각이다. 제자리에 다시 갖다놓고 뒤돌아본다.

큰아들을 낳았을 때 시어머님은 오일장에서 구입했다며 쇠구덕을 가져왔다. 그 속에는 아기 업는 포대기와 포근한 담요도 있었다. 커다란 생선과 미역은 산모를 위한 선물이라며 생선국을 맛있게 끓여주었다. 장손에게 선물한 구덕은 형제지간에 대물림할 구덕이라며 흡족해하는 모습이 선연하다.

구덕에 눕힌 아기는 잠을 잘 잤다. 포동포동 자라던 아기가 삼칠일이 지나갈 즈음부터 밤마다 똑같은 시간에 울어 젖혔다. 젖을 물리고 있어도 용케 그 시간이면 깨어나 울었다. 어떻게 시간을 기억하는지 밤 11시쯤이면 거의 한 시간 동안 보채었다. 젖을 먹이고 품에 안아주어도 막무가내 울어 대는 아기를 안고 엄마도 울보가 되었다.

아기를 구덕에 눕히고 손을 뗄 수가 없었다. 울다가 깊은 잠을 자는 것 같아 살며시 놓고 일어서면 또 울기 시작했다. 아기와 엄마가 허둥대는 모습에 주인집 아주머니가 침 치료를 받아야 좋아진다며 한의원을 소개해주었다. 백일이 안 된 아기를 포대기로 업고 나섰다.

한의원에서 침 치료받고 아기는 눈물 콧물로 난리다. 신기하게도 며칠 동안은 잘 자며 옹알이도 잘했다. 침 치료 덕분에 어려운 고비를 넘겼다. 바쁠 때에는 구덕을 발로 흔들며 웡이자랑 노래를 불러주면 잠꼬대하는지 웃는 모습이 천진스러웠다. 두 녀석을 잘 재워주고 키워준 아기 구덕은 조카들에게 건너갔다.

유년 시절 동생들은 장방형의 대나무로 만든 구덕에 눕혀서 흔들었다. 어머니가 밭에 일하러 갈 때는 나도 따라가서 커다란 나무 밑에서 동생을 돌보았다. 아기를 구덕에 눕히고 흔들면 먼저 쏟아지는 잠 때문에 흔들다 말고 구덕을 엎질렀다. 아기와 같이 울었던 일이 엊그제 같다.

아기들이 까르르 웃는 소리는 밝은 미래이다. 1980년대에는 인적자원이 풍부한 나라 "하나만 낳아도 삼천리는 초만원이다." 라는 노래가 관공서에서 힘차게 들려왔다.

얼마전 뉴스 보도에 5세 미만 어린이에게 월 십만 원씩 양육비를 지원한다고 발표했다. 양육비 지원도 중요하지만 젊은이들이 결혼할 여건을 만들어 주는 정책이 더 중요하다는 생각이다. 직장 여성이 출산 휴가를 받으면 직장에서 배려해주는 여건을 정부에서 뒷받침해야 한다. 귀여운 아기들의 웃음소리가 들렸으면 좋겠다.

오색 연등

햇살이 따사로운 아침이다. 사월초파일 찬란한 광명이 발하고 있음에 모든 문을 열어놓았다. 온 누리 만물이 평화로워 보인다. 도로 양옆에 내걸린 봉축연등을 바라보며 불력을 보여주는 것 같아 신기하다. 한라산의 눈부신 발광이 구름 위로 쏟아져 내린다. 남쪽 하늘에 어머니의 젖가슴처럼 하얀 구름이 봉긋이 내밀고 있다. 일행들도 비경을 바라보며 신기해 한다.

사찰 입구에 차들이 많이 들어선다. 일주문에 합장하고 경내로 들어가니 오색 연등이 반겨준다. 사찰 주변은 싱그러운 오월의 향기가 그윽하다. 대웅전에서 봉축일 소원을 올리고 가족 연등을 살펴보며 합장했다. 대웅전 왼쪽에 자리한 큰 연못에서 뿜어내는 분수의 물줄기처럼 자비와 광명이 드리운다.

오늘 소임은 도반들과 그릇을 씻고 챙기는 후원회 봉사이다. 지인들과 정겨운 대화 나누며 일하다 보니 회오리 바람이 분다. 빗방울을 동반하여 몸과 마음을 축축하게 적신다. 우산을 쓰거나 우의를 입고 빈 그릇을 들고 오시는 불자들에게 "반갑습니다. 조금만 도와주세요." 하며 말을 건넨다. 도와주던 남자분이 복 짓는 일을 시켜줘서 고맙다며 보람된 시간이라 말했다. 서로 힘들었던 공양 시간에 나눔으로 분주함을 이겨냈다. 힘든 일을 마치고 행복하게 웃는 얼굴이 보살이다.

오후에 부처님의 자비와 광명이 온 세상에 충만하기를 기원하는 연합 봉축대법회를, 여법하게 종합 운동장에서 거행하였다. 저마다의 소원등을 밝히고 탑동 광장까지 제등 행렬에 나섰다. 분홍색 연등을 들고 도로에 나와 있는 행인들과 인사 나누며 걸어간다. 종이컵으로 만든 희망의 연등은 어린이들에게 나눠준다. 어린이들이 합장하는 모습은 천사처럼 보인다. 병원 앞을 지날 때에는 환자복을 입고 반배하는 분도 있다. 어떤 아픔과 고통이 있는지 모든 이에게 자비의 법등이 되었으면 하는 바람이다.

목적지 도착할 즈음 바람이 점점 휘감아 분다. 들고 가는 연등은 하나 둘 꺼져가고 있다. 두 손으로 들고 있는 연등을 마음의 치마폭으로 감싸고 바라본다. 그 고운 연등 속은 화사한 연꽃이 핀 것처럼 보인다. 환희심이 일어났다.

제등행렬의 종착지인 탑동 광장에 도착했다. 모두에게 정성껏 들고 온 등불을 끄고 반납하라고 한다. 들고 온 제등이 너무 밝아 가만히 바라본다. 동행한 언니가 웃으며 "야, 등불이 꺼지지 않고 고운 것을 보니 좋은 일이 생기겠구나." 한다.

"아! 정말 그런 일이 있으면 좋겠어요. 언니도 소원성취하세요."

환희에 넘치는 지인들이 "성불하세요." 하는 소리는 넓고 푸른 바다 멀리 퍼진다.

돌아오는 길에 맑은 물이 흐르는 산지천으로 갔다. 정박해 있는 피난 목선 앞에서 조용히 오늘 하루 감사의 기도를 드렸다. 솟아 흐르는 물소리에 모든 걱정이 흘러간다. 어디선가 날아온 하얀 두루미가 나를 바라보고 있다. 도솔천에 화현하신 보살님이라 생각하니 환희가 넘친다.

즐거운 마음으로 현관문을 열었다. 아침에 꽃망울 봉긋했던 호접란이 화사하게 피어나 반겨준다. 기쁨과 감사함으로 가족들 사진을 바라본다.

6부

치유의 숲

건강의 척도

핸드폰이 요란하게 울린다. 일하던 손을 멈추고 마음이 들뜬다. 진주에 살고 있는 여섯 살배기 손녀의 웃는 얼굴이 화면 가득이다. "그래 잘 지내고 있니?" 했더니 비비 꼬며 웃는다. "왜? 좋은 일이 있구나, 무슨 일인데?" 했더니 "할머니가 좋아하는 바나나 보여요?" 동생의 엉덩이를 밀치며 바나나를 보여준다. 순간 웃음이 터져 나오고 그리움이 밀쳐오지만 그림의 떡이다.

몇 달 동안 어르고 업어주며 돌봐주던 손녀다. 정성 들인 이유식을 해주며 대소변 가리는 시기에 둘만의 언어가 생겨났다. 변을 많이 보면 바나나, 아주 적으면 방울이, 때론 코끼리도 나왔다. 편식하지 않고 잘 먹고, 잘 자고 대변도 잘 보아서 손녀를 포동이라 부르며 집안 가득 웃음꽃이 피어났다.

어느 날 연휴에 제 엄마가 돌보고 있었는데, 갑자기 배가 아프고 고열이라 병원 응급실에 간다는 연락이 왔다. 그 순간 뛰쳐나온 가슴을 부여잡고 달려갔더니 응급실에서 간단한 조치를 하고 있었다. 눈물 콧물 범벅된 손녀에게, 두 손을 비비고 따뜻한 손바닥으로 배를 살살 문지르며 "할머니 손은 약손! 바나나 슬슬 나와라." 하면서 쓸어주었더니 방귀가 나오고 배시시 웃는다. 검진 결과 장이 꼬였다 풀린 것 같다는 냉한 답변이다. 의심쩍어하면서 손녀를 꼭 껴안고 나왔다.

때로는 잠투정하는 아기를 업고 〈섬집 아기〉 노래를 불러주면, 등 뒤에서 스르륵 잠드는 느낌이 얼마나 좋았던지, 사과 같은 얼굴이다. 손녀와 풋풋한 사랑이 충만해가던 시기에 아들 직장이 육지로 발령 나서 애별리고愛別離苦의 아픔은 먼 하늘을 바라보는 손녀바라기가 되었다.

요즘 며느리는 두 번째 손녀를 출산하고 아이를 정성껏 키우고 있다. 이유식을 먹이면서 편식하지 않도록 골고루 먹이고 있다며 자랑한다. 아이들은 아침 다르고 저녁 다르다는 말처럼 성장하는 모습이 눈에 보인다. 손녀는 동생이 쾌변을 보면 할머니처럼 뽀뽀해준다고 자랑하며 제법 언니 역할을 한다. 가끔은 "할머니! 나는 뭔지 아세요?" 하면 "무서운 코끼리 같은데…." 하면 짧은 대화이지만 소통하며 공감하는 기분이다.

싱글벙글 웃는 손녀가 태어난 순간이 떠오른다. 며느리는 정기적으로 산부인과 진찰을 받으며 출산 예정일을 기다리고 있었다. 출산을 앞두고 병원에 다녀오면 다녀왔다고 보고하는데 연락이 없어서 불안했다. 아들에게 자초지종을 들었더니 태아가 거꾸로 앉아서 정상 분만이 어렵단다. 병원을 옮겼으면 하는 의사의 소견에 산모는 침울해 하고 있었다. 마주앉아 대책을 궁리하다가 며느리에게 제안을 했다. 쑥스럽지만 "내가 할 일이 있으니 잠깐 편히 누우렴." 하고는 손바닥으로 배를 마사지해주었다. '엄마 손은 약손, 할머니 손은 약손.' 하면서 온몸의 정기를 모아 쓰다듬어 주었다.

출산을 앞둔 마지막 검진에서 초음파 진료를 하던 의사는 고개를 갸우뚱하며 의아해한다. 태아가 정상 위치로 돌아왔다며 고개를 갸우뚱하더니 초음파 사진을 나에게 선물로 준다. 산모가 기쁨의 눈물을 흘리는 모습에 '지성이면 감천이겠지.' 하는 순간이었다. 며칠 후 산통으로 입원하여 순산을 빌며 조마조마하고 있는데, 우렁찬 아기 울음소리에 희비가 교차하였다. 수술실 문을 열고 나온 의사에게 "수고하셨습니다, 고맙습니다." 허리를 굽혀 절을 하는데 남편도 함께 허리를 굽혔다. 그 찰나 마스크를 벗어젖히는 의사는 신생아 탯줄을 자르기 위해, 가운 입고 마스크와 장갑을 착용한 아들이었다. 순간 감사의 눈물과 웃음이 범벅되었다. 장래의 희망은 의사라고 말하며 엄마의 가슴을 부풀게 하던 아들이 의사로 변장한 순간이다.

바나나를 보면 스치는 일이 있다. 몇 년 전 간병인 교육을 받고, 실습 겸 현장에 투입되어 봉사하게 되었다. 거동이 불편하신 어르신 손발이 되어 드리고 목욕도 시켜 드리며 실습교육이 끝나갈 즈음 유료간병인으로 추천받아서 출근했다.

담당하는 환자분은 노환으로 치매도 있어서 고함을 지르는 무서운 할아버지다. 식사할 때에도 느닷없이 밥그릇을 엎어버리고 화장실 거동도 불편하였다. 권위가 남달랐던 분이라 당당한 기세에 간병인이 일주일 견디기가 어려워 바꾼다는 분이었다. 나 역시 난감하였지만 환자분을 아기로 생각하며 조심스럽게 다가가 손을 내밀고 도와드렸다. 아기처럼 어르고 달래었지만 순간적으로 내팽개치는 일이 허다했다. 때론 화장실에서 거울을 보며 눈물을 훔치곤 마음 다잡기를 여러 번 했다.

재활치료 받으러 갈 시간에도 안 받는다며 생고집을 부렸다. 그럴 때마다 부드러운 말로 환자의 마음을 다독였다. 어르신 거동을 도와드리고 일지를 점검하며 칭찬을 자주 해드렸더니 얼굴에 화색이 돌아오고 일어나 앉는 시간이 많아졌다. 호전될 병은 아니었지만 화장실을 들락거리며 스스로 대변을 보려고 애쓰는 모습이 희망으로 보였다. 따뜻한 수건으로 복부마사지를 여러 번 해드렸더니 신호가 온다며 죽을힘을 다했다. 스스로 대변을 보신 후 뜨거운 눈물을 흘리며, 와! 바나나가 나와서 살 것 같다. 살려줘서 고맙다고 몇 번이나 말하던 그분의 목소리는 마지막 희망이었을 것이다.

쾌변은 건강의 상징이며 척도이다. 요즘 친구들과 만나면 대화의 주제는 갱년기 이후 살이 찐다는 속내를 풀어낸다. 잘 먹기만 하고 쾌변은 볼 수 없으니 아랫배가 나오고 아픈 곳도 불쑥 나타난다며 이구동성이다. 배변에 좋다는 음식이며 방책은 다양하고 각양각색으로 많다. 건강비법을 털어내는 친구들은 모두 의사인 양 떠들어댄다. 넘쳐나는 정보에 쫓아가는 나의 건강한 앞날을 그려본다.

치유의 숲

녹색의 향연이 펼쳐지는 아름다운 숲이다. 초입에 활짝 핀 수국들이 발그레한 얼굴로 방실거린다. 천연림 숲골에서 청량한 바람이 마중 나와 온몸을 휘감으며 노곤한 육체를 안아준다. 비자나무는 푸른색 보물을 가지마다 매달고 가슴마저 풀어헤친 듯 아늑하다. 지저귀는 새소리와 더불어 공생하는 상록수들이 제각각 무성한 자태로 자유를 외치며 하늘을 향해 기지개를 켠다.

국내 최대의 비자나무가 자생하는 군락지이다. 거목들은 보통 수령이 오백 년에서 팔백 년이나 된 아름드리나무이다. 나무 허리에 노란색 명찰이 부착되어 눈길을 이끈다. 숲 향기 따라 구불구불 걸어가는 오솔길은 황토색 송이가 융단처럼 깔려있어 뽀드득 뽀드득, 눈길을 걷는 것처럼 상쾌함이 솟는다.

거목 주위에 나뒹구는 돌멩이로 조그만 탑을 쌓은 사람들의 희망은 무엇일까. 떠오르는 소원을 빌고 싶지만 누군가 던진 말에 주춤해진다. 돌탑을 쌓으면 근심을 버리는 게 아니고 새로운 근심을 만드는 것이다. 그 뜻이 궁금하다. 주웠던 작은 돌을 슬그머니 내려놓고 인연의 고리를 만들지 말라는 뜻을 헤아린다.

비자나무는 일본 남쪽 섬이 원산지이며, 주목과에 속하는 상록 침엽교목이다. 가을에 잘 익은 열매의 맛은 몹시 떫으나 구충제로 쓰이고, 열매를 볶아서 뽑은 기름은 식용으로도 쓰인다. 열매의 겉껍질은 치질 치료에 좋다는 특효가 신기하다. 덤불 속에 떨어져 있는 흙 묻은 열매를 주워 후후 불며 닦아내니 아스라한 추억들이 되살아난다.

비자열매의 쓰임새와 효용은 자라면서 어른들에게 들었다. 비자열매는 제사상에도 올렸지만 산제나 토신제 지낼 때에는 반드시 진설하는 과실이다. 할머니의 곳간에는 마른 쑥, 비자열매, 익모초 등 여러 종류의 무언가가 높은 천장에 매달려 있었다. 애지중지하는 게 궁금하여 훔쳐보면 먹을 수 있는 것은 비자열매뿐이었다.

초등시절 학교에서 배가 뒤틀리며 몹시 아팠다. 화장실을 들락거리다 아픈 몸으로 집에 겨우 와서 혼자 나뒹굴며 울다 잠이 들었다. 밭에서 돌아오신 할머니는 부랴부랴 손바닥으로 배를 쓸어주며, 검지로 배꼽을 휘휘 돌리며 중얼거렸다. 그리곤 바짝 마른 열매 몇 방울을 까서 후후 불며 입으로 밀어 넣어주었다. 할머니 손이 약손인지 비자열매의 효능인지, 배가 꼬이며 아프던 증상은 사라지고 깊은 잠을 잤다.

거목에 주렁주렁 매달린 열매들 바라보니 마냥 신비롭다. 풀어헤친 가슴과 팔뚝에 공생하는 콩짜개덩굴이 주인처럼 다닥다닥 영토를 넓혀가며 푸름을 더한다. 친화력 있게 공생하는 모습이 자연의 본성이거늘, 만물의 영장인 사람들은 어떤가 하는 생각에 잠겨본다. 선들바람에 걸음 멈추고 들숨 날숨으로 폐부를 청소해본다. 싱그러운 향기가 복부 가득 청향제로 채워주니 날아갈 듯 사뿐하다. 순간 건강은 건강할 때 지키라는 선인들의 조언이 떠올라 얼굴이 붉혀진다.

한 달 전 건강검진을 받았다. 은근히 걱정하던 부위가

있었는데 검사결과 대체적으로 양호하다는 의사의 진단에 기분이 매우 좋았다. 갑자기 사랑하는 자녀들이 보고 싶어 마음이 들뜬 오후였다. 마침 남편도 회식하고 온다는 메시지에 서둘러 마트에 가보니 할인하는 식료품들이 손길을 당긴다. '아! 이건 손녀가 좋아하는 전복, 며느리가 좋아하는 옥수수….' 과일과 찬거리를 고르며 신이 난다. 며느리에게 저녁상을 준비한다고 전화했더니, "어머니! 고맙습니다." 전화기 너머 상냥한 목소리다.

정성으로 준비한 식탁에서 손녀는 조잘조잘 어린이집에서 있었던 일을 자랑한다. 손녀 재롱에 손녀바보가 따로 없다. 손녀와 아쉬운 시간을 떨치며 "잘 있어, 안녕!" 하고 현관을 나섰다. 성급히 계단을 내려오다 헛발을 디뎌 우당탕 넘어졌다. 순간 발목에서 뿌직하는 소리가 났다. 들고 있던 물건들이 내동댕이쳐서 아찔하지만, 누가 보고 있을까 하는 부끄러움에 주위를 살폈다. 다친 쪽은 왼쪽 발등이라 불행 중 다행이라는 생각으로 운전을 하며 자신을 다독였다.

그날 밤 검푸르게 부어오르는 발등 통증이 심했다. 밤새 냉찜질을 하며 시계추만 바라보았다. 벽에는 호사다마好事多魔라는 글귀가 어른거리 잠을 설치게 한다. 뒷날 절룩거리며 찾아간 정형외과에서 발과 무릎 사진을 찍어 보니 발등 염좌이다. 발목뼈가 부러지지 않아 다행이라는 진단에 깁스를 하고 약을 처방 받았다. 목발을 짚고 나오며 밤새 안녕이라더니 이 무슨 실수인가. 동서사방 뛰어다니던 다리가 꼼짝없이 외출을 못 하니 불편하여 고통스런 시간이다.

오늘은 한 달여 만에 화려한 외출이라 행복하다. 걸음마하는 아기처럼 조심스럽게 강인한 생명이 꿈틀거리는 비자나무 숲에서 산책하며 치유의 시간을 보낸다.

앞서가는 휠체어에 하반신이 불편한 어머니를 모시고, 나무를 가리키며 산책하는 아들이 효성스러워 보인다. 즐겁게 걷다 보니 '매사에 조심하며 살아라!' 하시던 할머님의 다정한 목소리가 향긋한 바람으로 살랑살랑 다가온다.

행복한 순간

여행은 일상의 탈출이다. 부푼 마음으로 가방을 챙기고 나선다. 공항에 달려온 회원들 밝은 표정에 반갑다. 직항 노선이 중단되어 김해 공항을 거쳐 일본 규수 지방 3박 4일의 여정이다. 일본 창공에서 바라보는 산하는 신록이 물결치는 대평원이다. 대한 해협을 넘어 일본 후쿠오카 공항에 제주의 풍광이 따라온 듯 흡하다.

첫 일정으로 복합 패션타운 캐널시티를 향한다. 차창 너머 잿빛 건물들이 화산지역의 위엄을 지키고 있다. 자동차들이 달리는 복잡한 도로이지만 질서 정연함에 차분해진다. 도시 중심부에 위치한 캐널시티는 옷가게와 음식점이 다양한 상가 지역이다. 광장 분수 쇼가 볼만하다는 안내에 기대를 걸었다. 분수 쇼는 짧은 시간이지만 더위를 날려준다.

다음 날 후쿠오카 히타로 이동하며 넓은 평원에 압도되었다. 짙푸른 논밭을 보니 품질 좋은 쌀이 많이 생산됨을 알 수 있다. 야나가와 뱃놀이는 논밭 수로를 이용하여 대부호가 쌀을 실어 나르고 관리하던 곳이다. 지역주민들이 뱃놀이를 관광 상품으로 만들어 발전되는 지역이다. 모방을 재창조하는 좋은 모습을 본다. 그곳에는 수양버들이 기울어진 맑은 수로에 뱃사공 아가씨는 한국어로 〈처녀 뱃사공〉 노래를 구성지게 부른다. 우리도 덩달아 신명나게 노래를 부르며 노를 저어보는 체험을 했다. 우리나라 강원도 영월 동강에서 뗏목을 타고 부르던 처녀 뱃사공 노래는 시공간을 초월한 듯, 이웃 국가여서 정서가 같다. 민물과 짠물이 합수되는 지점에 반짝이는 윤슬로 신비함을 새겨둔 동강의 경치는 잊을 수 없다.

벳부 스기노이 온천으로 향하는 아소산 자락은 녹색의 물감이 툭툭 흘러내린다. 벳부 만灣의 해무가 도로를 암흑시대로 드리울 때 양옆으로 커튼을 친다는 장막을 본다. 활화산이 일어나고 있는 산야는 평화로워 보이면서도 묵직함에 무섭고 신기하다. 해일, 해무, 화산폭발, 지진이 많은 지대이지만 예방 대책을 철저히 하여 인재를 막아내며 관광지로 세계인을 끌어들이고 있다.

벳부만이 보이는 산허리 온천 관광지에 굴뚝마다 피어오르는 수증기는 무지개로 피어오른다. 야외 온천에서 총총한 별을 바라보며 내 별을 찾았다. 참으로 여유롭고 흡족하다. 별천지에서 미끈거리는 감촉은 쌓인 피로를 풀어준다.

온탕 냉탕을 번갈아 가며 목욕문화를 즐기는 손님들이 행복해 보인다. 사방이 휘황찬란한 빛의 속도로 달라지는 온천지구의 밤 풍경이 아름답고 아늑하다. 그토록 와보고 싶었던 온천에 몸 담그고 있으니 천재지변이 활화산처럼 꿈틀거리고 있다는 생각은 저 멀리다. 고요함이 머무는 곳에서 편안한 밤을 지냈다.

벳부 가마도 지옥으로 향한다. 그곳에는 약용 온천과 한방 온천이 80~90도에 육박하며 펄펄 끓고 있다. 온천물은 공기를 만나는 순간 화산 지질에 따라 온천수 색깔이 달라진다. 온천물이 살아 있다는 증거다. 땅속에서 부글부글 끓어오르는 열탕에서 수증기가 폭발하는 현장을 안내한다. 직원이 담배의 니코틴을 던지니 파란 물의 수

증기가 솟아오른다. 또한 빨간 물이 치솟아 마치 도깨비가 출현한 모습으로 놀랍다. 관광객 모두는 "신기하네!"를 연발하며 놀라워한다. 뜨거운 유황온천에 손을 담그고, 족욕을 하며 가슴을 진정시킨다. 온천수 맛은 느끼하고 짭짤하다. 온천물로 삶은 '라무네' 계란과 사이다를 먹으며 지옥을 건너온 순간들이 행복의 물방울로 솟아난다. 투명한 청색의 바다지옥 98도의 온천수가 끓고 있어 그곳은 세월을 가늠할 수 없는 지옥 온천이다.

산에서 흘러내리는 맑은 물과 정기를 받아 보리 재배가 잘되는 삿포로 지방이다. 일본 최초 국책 사업으로 서양의 술 제조기술을 도입하여, 삿포로 맥주공장을 설립하고 산업화하여 발전을 거듭하는 현장은 놀라웠다. 규모면에서도 제일이지만 술병을 재활용하는 기술이 뛰어나 보인다. 순수 맥주를 시음하고 알코올 첨가한 맥주를 시음했다. 특이한 맛이다.

사계절이 아름다운 유후인 긴린코 호수 풍광이 이색적이다. 호수의 바닥에서 뜨거운 물과 찬물이 함께 솟아나는 곳이다. 미온수에는 민물고기들이 유영하며 커다란 잉어들이 보인다. 수질이 오염되지 않은 청정지역임을 알 수 있다. 주변에는 유후인 민예촌거리가 즐비하여 관광객들을 문화감상의 장으로 이끄는 인상적인 지역이다. 가업을 이어가는 전통이 특이하다.

후쿠오카 오고리시에 위치한 '뇨이린지'는 일명 개구리 절이라 부른다. 입구부터 크고 작은 3천여 개의 개구리 석상이 야외에 전시되고 있는 특이한 곳이다. 카에루는 개구리라는 뜻도 있지만 돌아온다는 의미도 있다. 뇨이린지라는 절 이름도 돌아오다, 일이 뜻대로 된다는 의미가 있어서 꼭 와보고 싶은 곳이었다.

커다란 개구리 입속을 세 번 통과하며 지극한 소원을 빌면 성취된다는 말에 정성을 모은다. 이루고 싶은 소망들이 순식간에 하나 되어 오직 가족의 일신건강만이 입 밖으로 나온다. 들숨과 날숨으로 온몸을 조아리고 가뿐히 통과하며 욕심내는 마음을 내려놓았다.

법당에서 법문하는 소리에 귀 기울이니 "시아와세, 시아와세." 의자에 앉은 불자들이 합장한다. 말하는 뜻이 궁금하여 들어보니 "나는 행복합니다. 이 순간이 행복합니다." 하는 말이다. 뜻대로 모든 일이 잘 이뤄진다는 믿음으로 함께하는 인연들과 온화한 미소로 사랑을 나누었다.

장마철 개구리 울음소리에 개구리 절의 풍경을 떠올려 보는 시간이다. 눈으로 보고 가슴속에 묻어둔 사연들이 오롯이 나의 보자기에 분홍빛으로 물들어간다.

나를 찾자

온화한 가피가 드리운 맑은 아침이다. 마주한 회원들의 미소는 근심, 걱정을 모두 집에 놔두고 온 밝은 표정이다. 드높은 창공에 뭉게구름이 너울거린다. 나를 찾는 여행에서 회원들과 화목하고 안전한 시간이 되길 마음속으로 빈다. 김포공항에 도착한 일행들은 저마다 누군가 기다려 주는 곳으로 떠나는 아이들처럼 천진스럽다.

양평 용문사 참배 길로 향하며, 입제 예불은 "참 나를 찾는 여행이 되자."라는 교무스님 법문으로 각자의 서원을 발원할 수 있게 진행한다. 유리창 너머 울창한 대자연을 바라보며 무수한 갈림길에서 나의 참 모습을 그려본다. 용문사 주차장에 도착이다. 신라 시대 원효대사가 창건한 용문사는 6 · 25 때 파괴되어 현재는 세 칸의 대웅전, 관음전, 산신각, 종각 요사체 등이 남아 있다. 조선 전기의 정지국사 부도탑이 역사와 함께 내방객들을 바라본다. 경내에서 마음이 닿는 곳을 참배하며 경건한 마음으로 나왔다.

강원도 홍천군 공작산에 있는 수타사로 향하는 곳곳은 진초록 물결이다. 수려한 풍광에 심취하여 입구에 도착하니 해설사가 환영해주신다. "여러분! 여기에 오셔서 잘 보고 듣고 참배하면 수명장수합니다." 비로사나불, 대적광전, 원통보전을 둘러보며 청동거울 앞에서 나의 자화상을 바라본다. 월인석보를 친견하고 쾌불부처님, 삼신불, 영산회상도 짧은 시간에 입력하기는 어려웠지만 병풍처럼 둘러진 공작산의 풍광에 감탄하며 수령 5백 년 된 주목 앞에서 세월의 무상을 느끼며 고즈넉함에 묵례하였다.

관동팔경의 하나로 꼽히는 3대 관음기도 도량, 강원도 양양 낙산사 동해바다가 펼쳐진 곳이다. 동양최대의 해수관음 입상이 반긴다. 의상대사의 전설이 담긴 홍련암은 2005년 4월 5일 화마로 낙산사 원통보전, 일주문, 홍예문, 주요 전각과 동종이 소실되고 7층 석탑이 일부소실되었다. 불타버린 흔적들은 우리 모두의 아픔이다. 해수관음상 앞에서 합장하고 하루 빨리 복원할 수 있도록 참회의 기도를 올렸다.

홍련암 저녁예불에 관세음보살을 정근하고, 동해의 파도 소리에 마음을 정리한다. 새벽 종소리에 낙산사 도량을 돌며 청청한 기운을 얻었다. 해무가 드리운 보타전에서 낙산사의 유래와 부처님 진신사리 친견방법을 스님이 설법하셨다. 경건한 마음으로 진신 사리를 친견하며 양쪽 가슴에 정중히 모셨다. 신비로운 사리의 크기는 콩알보다 크고, 영롱한 황색 빛을 발광하며 마음을 움직이는 광채가 있어 신기하다.

최북단 금강산에 있는 건봉사로 향한다. 염불만일회의 최초 단합장소이다. 건봉사에는 사명대사의 진신 사리와 치아를 봉안하였는데 옛 절터와 대웅전, 불이문 9층 탑 등 6 · 25전쟁 때 건물 대부분이 소실되었다. 경내를 둘러보는 마음이 무거웠다.

휴 휴 암!

몸도 쉬고 마음도 쉬고, 팔만사천 무진 번뇌 망상을 모두 내려놓고 쉬라는 뜻을 가진 휴휴암이다. 철책 너머는

북한 경계선이며 바다이다. 묘한 일이 일어나게 소원하면 성취된다 해서 묘적전이다. 홍법스님의 원력으로 절을 불사하고 신묘장구대다라니 천일기도를 드리는 중 바다 쪽으로 우담바라 꽃이 피어났다. 무지개가 떠오른 곳에 해중 지혜의 관세음보살님이 연화바위, 거북바위, 손바닥바위, 발가락바위, 물고기바위, 여의주바위, 태아바위 등 정말 묘한 관세음보살님 자화상같이 연화장세계이다. 참으로 묘한 생각에 몰입되었다. 나의 모습은 스치는 바람에 불과한 것인가. 나를 찾지 못한다.

강원도 오대산 상원사는 성덕왕이 창건한 사찰이다. 중요 문화재 목조 문수동자 좌상에서 발견된 복장에 역사가 살아 있다. 중창 권선문은 한글과 한문이 병기되어 있어 한글 연구에 귀중한 자료다. 가장 오래된 동종이 역사를 말해주고 있다. 지혜의 문수보살을 친견하고 상원사 적멸보궁 향하는 길은 멀고 가파르다. 마음속으로 반야심경 염송하며 참 나를 찾는 시간이다. 적멸보궁 앞에 합장하니 갑자기 비가 내린다. 적멸보궁에서 기도할 수 있는 시간은 행복하고 감사한 순간이다.

경기도 여주 봉미산에 있는 신륵사 하늘이 맑다. 보물

180호인 조사당 다층석탑 보제존자 석종 대장각 비석이 있으며 유형문화제 극락보전과 부속 건물로는 구룡, 명부전, 시왕전, 산신당, 육각정 등이 있다. 신륵사를 참배하고 여주에서 도자기 물품을 구입하며 진열된 상품들을 바라보니 우리네 모습과 흡사하다.

마지막 일정으로 용산 국립중앙박물관 견학을 마치고 공항으로 향한다. 한강대교 위를 달리는 버스 안에서의 회향 예불은 다시 참 나를 찾는 시간이다. 서로에게 "성불하세요."라며 손을 마주 잡았다. 너와 나는 하나임을 깨달은 여행, 보이지 않은 행복이 다가온다.

메밀묵 추억

엄동설한에 웬 메밀꽃 천지인가. 가까이 보이는 한라산 설국 파노라마에 눈이 부시다. 은빛으로 반사하는 영실계곡 오백장군이 위용을 과시하고 있는 듯 찬란하다. 병풍 바위에 빙그레 웃는 시할머님 얼굴이 메밀꽃처럼 피어났다.

동장군이 위용을 부리는 동짓달 그믐날 할머님은 영면하셨다. 반농반어 하는 집 외동아들에게 시집가서 일곱 남매 두셨다. 손자들이 많아서 바라보는 눈빛은 언제나 흐뭇하였다. 여장부의 가슴에는 먼저 떠난 두 며느리와 두 딸을 품었다. 야속한 세월을 혼자만 이겨낸 설움은 아니라며 담담히 풀어 내었다. 어려운 시국을 이겨 내려 모진 고생을 다하며 지혜롭게 살았던 분이다.

제주에는 4 · 3사건으로 무력 충돌과 집단 학살 사건이 일어났다. 피비린내 나는 아비규환 현장에서 여장부의 능력은 지혜로웠다. 당시 열여섯 살 된 작은아들을 살리기 위해 야산에 토굴을 만들었다. 메밀밭을 경작하며 목숨을 연명하게 하였다.

동네 집들이 거의 불타 없어지는 참혹한 사건에 불빛도 없이 제사를 지냈다. 초저녁 음식 냄새에 산에서 내려온 그들은 음식과 제기를 모두 빼앗아 갔다. 어느 날에는 외양간에 마소를 끌고 가버리기도 했다. 돼지우리에 새끼 밴 돼지도 끌고 가는 잔혹함에 피눈물을 흘렸다.

그 당시 열아홉에 시집왔던 큰며느리는 잔치 다음 날 산으로 끌려 가서 영영 이별을 했다. 험난한 시국에서도 메밀종자는 불씨처럼 항아리에 소중히 보관했다.

곡류인 메밀은 동부 아시아가 원산지로 추정되며 종류에는 조파 말파가 있다. 메밀은 버릴 것이 하나도 없는 곡물이다. 메밀껍질을 이용한 베개는 머리를 시원하게 한다. 고개를 바르게 받쳐주기 때문에 숙면을 취하는 데 효용이 있다. 유아용 베갯속으로 좋다.

제삿날이 다가오면 마루에 멍석을 깔고 맷돌에 메밀 쌀

을 넣으며 갈았다. 껄끄러운 가루를 고운체로 걸려내고 털어내었다. 고운 가루로는 메밀묵을 쑤고 조그만 메밀 만두를 빚었다. 성긴 가루로는 제사음식이 부족한 때여서 고구마나 무를 넣고 범벅을 만들면 별미로 먹었다.

메밀묵은 노련한 솜씨가 필요하다. 시할머님은 음식을 장만하다 급히 볼일이 생기면 나더러 메밀묵 쑤고 있으라며 외출을 하였다. 눈여겨 본 일이었지만 혼자 묵을 쑤었더니 너무 얇다. 넓은 그릇에 떠놓고 굳기를 기다려도 너무 무르다. 실패작품에 속상해 하는 나를 보고 "애기야! 걱정하지 마라." 정성이 들어가도 모자랄 때가 많다. "설익은 음식도 입에 넣으면 마찬가지여." 하였다.
시어머님의 빈자리를 충분히 감싸고 도와주며 칭찬을 아끼지 않으셨다.

절약 정신이 뛰어나셨고, 부엌에 큰 물 항아리를 두고 물이 마르지 않도록 가득 채웠다. 광에는 크고 작은 항아리들이 마주했다. 주둥이가 깨진 작은 항아리에는 여러 가지 곡물 씨를 보관하였다. 큰 항아리 부리가 깨지면 땅속에 묻어서 물통이나 오줌항아리로 썼다. 천연 비료인 오줌을 모아 두었다 거름을 했기에 텃밭에는 채소가 사철 푸르렀다.

오늘 동문 시장에서 제사음식 만들 재료들을 구입하며 할머님의 후덕한 모습을 떠올려본다. 우리 집안의 안녕을 지켜주는 할머님! 손자들은 돈으로는 살 수 없는 보물이라며 위아래 쓸어주던 그 손길이 그립습니다.

후덕한 할머님, 닮고 싶은 마음이 솟아납니다.

돗ᄐᆞᆼ시

〈제주어 자작시〉

돗ᄐᆞᆼ시엔 코 고냥이 버룽 허곡
주댕이가 주짝나온 새끼 밴 도새기 흥글흥글
우리 어멍은 돗도고리에 걷 하영하영 주어사
새끼 하영 낳아그네 느네 키울거여 허엿져

경허난 ᄐᆞᆼ시에 보리 짚도 하영 꼴곡
돗도고리에 보싹 몰른 포래 드리치엉
물서너 박세기 퍼낭 남국자로 활활 젓으멍
콩 불려난 아쟁이 감저 주시도 섞어주곡
하영하영 푸지근이 먹으랜 듬백이 주었져

애미도새기가 새끼 낳을 소시엔 맹심 허영

몸비린 사롬오민 부정 타난 먼 올래에
줄도치곡 ᄐᆞᆼ시에 강 새끼 나는걸 봐져도
속솜허영 눈으로 만 보멍 세어보랜 했져

새끼난 도새긴 것도 푸지그랑허게 주어사
ᄒᆞᆫ돌 보름 질루민 ᄆᆞᆼ글ᄆᆞᆼ글 자릿 도새기 되영
세화리오일장 날에는 구물 망사리에 담앙
리어카에 실어그네 뒤에서 밀멍 발도 차곡

어멍어멍 새끼 ᄑᆞᆯ앙 월사금도 주곡 헙써
키여 ᄊᆞᆯ도사곡 신도사곡 새옷도 사곡 허게이
도새기 ᄐᆞᆼ시는 ᄊᆞᆯ 창고였져 ᄐᆞᆫᄐᆞᆫ헌 은행이었져
큰큰헌 도새기 질루는 집은 도새기로 하간거 해결 허였주.

돼지우리

〈제주어 자작시: 풀이〉

돼지우리에는 콧구멍이 아주 크고
입이 앞으로 나온 새끼 밴 돼지가 흔들흔들
우리 어머니는 돼지 먹이그릇에 먹을 것 많이 주었다
새끼 많이 낳으면 너희들이 키워야 한다

그래서 돼지우리에 보리 짚도 많이 깔아 놓아야 한다
돼지 먹이통에 바싹 마른 파래 넣어서
물 서너 그릇 놔서 나무국자로 휘휘 젓고
콩 손질한 쭉정이 고구마 찌꺼기 합쳐서
많이 많이 배불리 먹으라고 가득 주었다

어미 돼지가 새끼 낳을 시기에는 조심해서

부정 탄 사람 오면 부정 타서 먼 올레에
새끼로 줄치고 돼지우리 가서 새끼 낳는 것 봐도
말하지 말고 눈으로만 보면서 세어 보라고 했다

새끼 낳은 돼지는 먹이도 푸짐하게 준다
한 달 보름 키우면 포동포동 새끼 돼지 된다
세화리오일장 날에는 그물 망사리에 담아서
리어카에 싣고 뒤에서 밀면 발이 돌에 차인다

어머니 어머니 새끼 팔아서 육성회비도 주세요
그래 쌀 구입하고 신발도 사주고 새 옷도 사줄게
돼지 우리는 쌀 창고이며 든든한 은행이다
아주 큰 돼지 키우는 집에는 돼지로 모든 걸 할 수 있었다.

옷 벗은 돌뱅이*

〈제주어 수필〉

나 두린 때 벨방(구좌읍 하도리) ᄆᆞ을 굴가름에는 큰큰ᄒᆞ고 술진술진ᄒᆞᆫ 폭낭이 이신 시커리가 노인당이고, 아으덜 놀이터라십주.

진진ᄒᆞᆫ 올레안에 이신 우리 집은 안팍거리에 큰큰ᄒᆞᆫ 쉐막도 이신 집이라십주. 올레어귀담 ᄌᆞ끗디 큰큰ᄒᆞᆫ 쉼팡도 이선 물 질언 오단 쉬멍 세경 ᄇᆞ레곡 ᄒᆞ여 낫수다.

박거리엔 수덕좋은 할마님이 살멍 손지덜 아까우난 밧듸 간오멍 시벌거룽ᄒᆞᆫ 보리탈 탄완 ᄒᆞᆫ사발 주곡, 바당에 간 ᄑᆞᆺ깅이 심어단 깅이엿도 맹글안 주곡, 큰큰헌 좀복 거펑에 맬도 지전주곡 하간 먹을컬 해줍디다. 할마님이 밧듸 갓당 돌아올 ᄉᆞ시엔 올레 쉼팡에강 아우랭이 지달렸수다.

보리 훌트곡, 보리태작이 ᄆᆞ칠 ᄀᆞ리엔 소섬(우도)이서 밤이민 번개불이 펀칙펀칙 허곡, 동새백이민 큰 소리로 음~멍 음멍 허는 큰큰ᄒᆞᆫ 쉐 소릴 들으멍 와들랭이 일어나십주.

어느 날 ᄇᆞ싹 ᄆᆞ소완 할마님신디 저 소린 미신 소리인고양 ᄒᆞ난, 바당곰지 넘언 쉐 섬이서 젖불은 애미쉐가 송애기 ᄋᆢ피 어시민 송애기 ᄎᆞᆽ는 소리엔 ᄀᆞ릅디다. 경ᄒᆞ멍 ᄀᆞᆮ는말이 짐승도 이녁 새끼 가냥허멍 살아가는거난, 느도 이루후제 애기낭 살때랑 옥석ᄀᆞᇀ이 ᄌᆞ식을 애끼랜 홉디다.

ᄎᆞᄎᆞ 커가난 우도 등대에서 으납찌언 ᄉᆞ방이 ᄏᆞᆷᄏᆞᆷᄒᆞ민 배질ᄒᆞ는 배들신디 위치를 알려주잰 신호ᄒᆞ는 불빛이고 뱃고동 소리라는 걸 알아십주. 무큰무큰 더워가멍 비ᄒᆞᆫ주재 와나민 할마님은 동새백이 소낭굴에 이신 개왓을 돌아보러 갔당 오멍 소릿질에서 진낭을 ᄒᆞᆫ짐 비언옵디다. 너풀너풀ᄒᆞᆫ 진낭섶 소굽엔 개끔이 북작ᄒᆞ곡 큰큰ᄒᆞᆫ 옷벗은 돌뱅이가 대여섯ᄆᆞ리 이십디다.

ᄆᆞᆼ글락ᄒᆞᆫ 돌뱅일 베르싼 보난 미시거엔산디 ᄀᆞ르멍 ᄋᆢᇁ집 궨당 하르방네 집으로 가곤데 ᄉᆞᆯ째기 ᄄᆞ라간 보난 그

하르바님이 돌뱅일 손바닥에 놘 쏠쏠 쓸단, 음뜨글랙이 먹는거라마씀. 할마님안티 무사 먹엄수꽈 ᄒᆞ난, 하르바님은 계구제구 지침만 나오난(천식) 약으로 먹는거랜 홉디다. 그르후제 나도 돌뱅이 봐지난 진낭썹 톳안 돌뱅이 심언놘 하르바님안티 ᄀᆞ전가난 막 착ᄒᆞ댄 ᄒᆞ멍 큰큰ᄒᆞᆫ 동구리 사탕을 주는 거라마씸.

막 지꺼전 뺄아먹잰 ᄒᆞ단 동싱덜 생각난 지비 아전오란, 맨짝ᄒᆞᆫ 돌맹이로 독독 뻐산 제비생이 모냥 입 아웃아웃 ᄒᆞ는 동싱덜안티 ᄒᆞ끔썩 나놔주던 생각이 이저불지 안ᄒᆞ연 요지금도 성제덜이 모이민 사탕 뻐상 먹어난 일 생각남잰 ᄀᆞ으멍 웃음차제기 ᄒᆞ멍 살암수다.

---

*옷벗은 돌뱅이: 두줄 민달팽이, 연체동물이다.

옷 벗은 달팽이

〈제주어 수필: 풀이〉

어릴 적 구좌읍 하도리 굴동 마을은 키가 크고 둘레가 넓은 폭낭이 있는 삼거리가 노인당이고 아이들 놀이터였습니다.

긴 올레가 있는 우리 집은 안채 바깥채 큰 외양간이 있는 집이었답니다. 올레 어귀담 옆에 큰 외양간이 있는 집입니다. 먼 올레 어귀담 옆에 크고 넓은 쉼터가 있었습니다. 우물에서 물 길어 오면서 쉬기도 하고 주변을 둘러보았어요.

바깥채에는 후덕한 할머님이 살았지요. 손자들이 귀여워 밭에 다녀오면서 새빨간 산딸기 따다가 한 그릇씩 주었습니다. 바다에 가서 게 잡고 엿을 만들어 주셨지요. 아주 큰 전복 껍데기에 멸치도 졸여주었고 여러 가지 먹을 것을 만들어 주었지요. 할머님이 밭에 갔다가 돌아올 시간에는 올레 쉬는 곳에 가서 가만히 기다렸습니다.

보리타작이 끝날 즈음 소섬(우도)에서 밤 되면 번갯불이 반짝반짝하였습니다. 이른 새벽에 큰 소리로 음~멍음 멍 하는 황소 울음소리 들리면 벌떡 일어났어요.

어느 날 엄청 무서워 할머니에게 저 소리는 무슨 소리입니까? 여쭈어보니 바다 경계선 넘어 소섬에서 젖이 퉁퉁 부은 엄마 소가 송아지 찾는 소리라고 했어요. 그러면서 하는 말이 짐승도 자기 새끼 키우면서 살아간다, 너희도 나중에 자식 낳아서 키울 때에는 옥같이 자식을 아끼라고 하였어요.

차차 자라면서 안개가 끼어 사방이 캄캄하면, 우도 등대에서 항해하는 배에 위치를 알려 주려고 신호하는 불빛이고 뱃고동 소리라는 것을 알았어요. 갑자기 무더워지면 소나기가 내렸어요. 할머니는 이른 새벽에 소나무가 있는 개왓 밭을 돌아보러 가셨지요. 다녀오면서 오솔길에서 모시나무 한 짐 베어 왔습니다. 넓적넓적한 모시나무 이파리 속에는 거품이 부글거리고 아주 큰 민달팽이가 대여섯 마리 있었습니다.

할머니는 보드라운 달팽이를 펼쳐보며 무엇이라고 중얼거렸습니다. 그리고 옆집 친척할아버지 댁으로 갈 때 살며시 뒤따라갔습니다. 할아버지는 달팽이를 손바닥에 놓고 살살 주무르다 잽싸게 먹었지요. 할머님께 왜 그렇게 먹는지 여쭈어보니, 할아버지는 자꾸자꾸 기침이 나와서(천식) 약으로 먹는 것이라고 했어요. 그 후부터는 나도 민달팽이 보면 모시 나뭇잎 뜯어서 달팽이 잡아 할아버지께 가져가면 아주 착하다 하시며 큰 알사탕을 주는 것이었어요.

매우 기뻐서 사탕을 빨아 먹으려 하다가 동생들 생각에 집에 가져왔습니다. 매끄러운 작은 돌로 사탕을 탁탁 깨뜨려서 제비처럼 입 벌리는 동생들에게 조금씩 나눠주던 일이 잊혀 지지 않습니다. 요즘도 형제들이 모이면 사탕 깨뜨려서 먹던 일 생각난다 말하고 웃으며 살아갑니다.

테왁에 의지한 세월*

바다와 벗을 삼는 삼촌님들 만나러 간다. 제주시에서 동쪽으로 달리면 구좌읍 하도리 별방진성이 둘러진 마을이다. 서문동 상코지가 있는 한개창마을에서 상군해녀들을 만나 두서없는 대화로 말하고 듣고 녹취하였다.

"저는 15년 동안 좀녀 회장 해수다." 하며 말문을 여는 윤씨 상군해녀는 제주수협 대표로 일본 가서 제주해녀를 소개했다며 서두에 나선다. "일본 해녀는 아마상이다. 아마상을 봤는데 부부 둘이서만 물질작업을 합디다." 물질작업은 자맥질이다. 요즘도 서촌 해녀들이 3개월 비자 받고 가서 물질하고 돈 많이 벌고 들어온답니다. 여기는 동촌이라 합니다.

82세 홍 할머니의 친정은 상도리다. 바다가 없어서 처녀시절에는 물질을 못했다. 어느 날 시할아버지가 테왁을 만들어 주어서 얕은 바다에 가보니 돌미역이 많이 있어 조금씩 채취하고 오면 "상도애기 물질 할 것 같다." 하면서 칭찬을 해주어서 차츰차츰 자신이 생겼지요.

그 당시 해녀들은 소중기 입고 물 적삼 입고 머리는 수건으로 꼭 싸매어 물에 들면 동지섣달에는 삼사십 분 정도 물질한다. 추워서 불턱에 나오면 검불로 불 지피고 젖은 속옷 말려서 다시 입고 하루에 네 번 물에 든다. 애기 데리고 오면 젖 먹여놓고 다시 물에 들었다. 남편은 애기 업개를 했다. 그 당시에는 물질로 돈 벌어 살았다. 해녀들은 구덕에 검불을 가득 지고 가서 불턱에 쌓아두고 불을 지폈다. 바보 해녀는 땔감을 한 번에 내놓으면 나중에는 불도 못 쬐게 하였다. 그때 하는 말이 "저 바보 왜 한꺼번에 전부 꺼내어 놓았지?" 하며 놀림을 받았다. 그래도 나는 가져간 검불을 세 번에 나누어 내어놓았다.

그 당시 해녀는 먼 바당 나가면 40~50m 나갔다. 요새는 고무 옷 입어서 100m쯤 나가서 한 망사리씩 해산물을 채취한다. 그래서 아침에 물에 들면 저녁에야 나온다. 먼 바다에 가면 큰 소라가 감태 아래 대여섯 개가 붙어 있어서 한숨에 갖고 나온다. 물속에서 숨 가쁘게 하면 짠물이 입속으로 들어간다. 때로는 다리에 쥐가 나서 뻣뻣했다. 그래서인지 나이가 들어가니 다리가 힘없이 자주 풀린다.

좀녀, 좀수 여기에서는 좀수회 보러 간다라고 했다. 해녀라는 표현은 일본사람들이 와서부터 쓰기 시작했다. 저 좀녀들 물에 들었다. 그래서 유네스코에 등재하려면 해녀 호칭을 하나로 통일해야 합니다 하며 맞장구쳤다. 제주어보전회에서 활동하는 이유를 자세히 말했다.

해녀라 하면 일본은 자기들이 먼저 해녀라고 했다며 주장할 것입니다. 우리는 해녀 호칭을 잠수라고 하든지 좀수라 해야 합니다. 그러면 해녀박물관도 좀수박물관으로 고쳐야 합니다. 불턱도 불텅개라고 합니다. 유네스코에 등재하게 되면 반드시 좀수로 해야 된다는 강력한 주장들이다. 해녀는 일본인들이 들어와서 해녀라고 했지만 우리들은 전부 좀수라고 했습니다.

서북 청년단이 여기에 1중대가 들어와서 주둔하면서 부녀들을 괴롭혔다. 청년단 당번은 해녀 셋이서 전복 캐어서 가져가고, 낼은 네가 미역 캐어서 가져갈 것이다 하면서, 별방진성 동문 서문 쪽으로 해산물을 상납하라고 했다. 안 가져가면 심하게 타박을 주었다. 심하게 때리기도 하였다. 처녀들은 그놈들이 무서워 벌벌 떨며 시키는 대로 했다.

그래서 처녀 혼자 시집보내는 시늉을 했다. 그게 바로 암창개라는 것입니다. 그들은 처녀 공출을 요구해서 동네마다 몇 사람씩 보내라 했다. 데려간 처녀에게 밥 짓는 심부름 시키고, 전복이나 해산물을 채취하라고 했다.

암창개는 처녀 있는 부모들이 먼저 딸을 당신네 아들 한테 데려가라고 했다. 아들이 군대 갔어도 딸을 시집오는 것처럼 살림을 준비하고 잔치해주었다. 나중에 제대하고 오면 같이 살았다. 그렇게 한 임모 삼촌도 잘 살고 있다.

이북청년에게도 시집보내는 시늉을 했다. 살아남기 위한 수단으로 시집을 두 번 간 것이다. 해방이 되자 딸은 빼앗고 청년만 보냈다. 정말이지 암창개 많이 했다. 그렇게 하지 않으면 처녀는 서북청년단들이 위안부로 데려가서 살았다. 이곳에서도 정신병신자 된 여자들이 많이 있었다고 한다.

홍 할머니는 친정에 살 때 열일곱 나이에는 얼굴에 소

꿈댕이(솥 밑 그을음) 칠하고, 옷도 터진 옷 입어서 정신 병자처럼 다녔다. 밖에 나가면 병장들이 말을 타고 뚜벅 뚜벅 걸어가서 무서웠다. 분장하지 않으면 암창개 한다고 우리 어머님이 그렇게 시켰다.

삼촌님! 이 동네에서 영등맞이 하는 일 말해주세요.

글쎄, 해녀들이 있는 마을은 꼭 영등맞이를 하고 있을 것이다. 이 마을에는 각 동네 해녀탈의장에서 좋은 날 선택해서, 음력이월 보름전에 일곱 마을별로 영등굿을 한다. 영등맞이 할 때는 정월이 되면 할망당에 가서 영등맞이 날짜를 받아온다. 해녀들은 날짜에 맞추어 물자를 챙기고 쌀밥, 제숙, 과일, 초, 계란삶은 것과 액막이 종이, 하얀 천, 오색 천을 정성들여 준비한다.

제물은 쌀가루에 소금을 안 넣어서 둥그렇게 만든다. 이 떡은 돌래떡이다. 제비 쌀을 낭푼으로 하나씩 담고 각자가 돗자리 위에 펼쳐 놓는다. 불전 2만 원도 올린다. 심방이 정성 들여가면서 뽑는 쌀을 보면서 조심하는 방법을 말해준다. 뽑은 쌀을 본인에게 주면 씹지 않고 한꺼번에 삼킨다. 나쁘다 좋다 판가름한다. 쌀 방울 여덟 알 나오면 재수가 좋다. 여섯 방울 나오면 좋은 일이 많이 생기고, 숫자가 틀리면 안 좋다고 버린다. 짝이 안 맞아도 쌀 방울 열하나는 좋다 합니다.

간재미(돈 닮은것) 던지면, 3개가 같은 쪽으로 나오면 좋은 일이 생긴다 하며 글 쓰여 있는 면이 위로 오면 좋은 것이다. 하나가 엎어지거나 갈라지면 안 좋다고 합니다. 맨도칼(종이 칼) 두 개 잡아서 탁 던져서 칼이 마주 보면 나쁘다. 어느 쪽이든지 한쪽 방향이면 좋다. 칼이 서면 다시 몇 번이나 던진다. 그럴 때에는 인정(돈) 걸라 하면 불안한 마음에 인정도 다시 올린다. 정성을 드리고 바다에 가면 반드시 재수가 좋다.

그중에 전복이라도 잡으면, 오늘 요왕맞이 잘 해졌져 하고, 쓰러지거나 다치면 요왕맞이에서 조심하라고 했다는 말을 떠올리며 명심한다.

*이 작품은 제주어 녹취 현장에서 상군해녀들과 주고 받은 내용을 정리한 것이다. 60여 년 동안 물질을 하며 살아온 네분의 상군해녀가 여기에 참여했다.

토종의 미학, 그 선험적 낭만성
-이정자의 수필세계

허상문(문학평론가, 영남대 교수)

1. 들어가며

이정자의 수필을 읽다보면 전통적인 제주의 삶에 대한 강렬한 친화성이 우러나오는 것을 느낄 수 있다. 이런 친화성은 근본적으로 작가 자신의 생래적인 정서가 이른바 '토종의 정신'에 바탕 한 것임을 알 수 있다. 다시 말해 이는 무엇보다 작가의 정서가 전통적인 제주의 삶과 인간에 기반을 두고 그에 대한 뜨거운 관심과 애정에서 우러나오는 것임을 말해주는 것이다.

실제 이정자의 수필 세계는 자신의 고향인 제주바다에서 이룬 삶의 체험으로부터 시작한다. 그런데 이런 체험은 단순히 작품의 소재나 작중 배경으로 그치는 것이 아니라 작품의 내면에 흐르는 본질적인 정신이 되고 있다는 데에 그 중요성이 있다. 작가는 스스로 "상군해녀의 딸로 태어난 덕에 제일 먼저 접한 놀이터가 바닷가였습니다. 체험이 바탕일 수밖에 없는 제 글의 중요한 소재는 어쩔 수 없이 해녀 이야기입니다(《책을 내면서》)." 라고 말한다. 제주바다는 이정자의 삶의 터전이면서 동시에 작가로서의 문학의 원천이다. 제주바다를 작가는 표제작인 〈불턱의 꽃〉에서 이렇게 묘사한다.

잔잔한 물결이 일렁인다. 해수면에 따스한 햇볕이 드리우면 바다는 해조음을 연주한다. 해안가 마을은 해경기가 되면 활력이 생기며 갯가에 희망이 솟아난다. 이른 새벽 불어오는 바람 방향에 해녀들은 동분서주한다. 척박한 땅 일구며 조상님을 정성껏 모신다. 자식들 뒷바라지에 최선을 다하는 그들은 제주 땅의 주춧돌이며 원동력이다.

—〈불턱의 꽃〉에서

그곳에는 해녀가 있고 그들은 제주의 삶을 존재케 한 희망이며 원동력이었다. "나의 꿈은 아직도 저 물이랑 속에서 출렁거리며 자맥질하고 있다. 고향바다는 내 안의 요람이며 추억의 보금자리이다(〈불턱의 꽃〉)."는 발언대로 제주바다는 이정자의 꿈이었고 추억이며, 그곳에서 그의 문학은 태동하게 되었다. 말하자면 고향인 제주바다는 그의 삶과 문학의 근원을 이루면서 끝없는 낭만적 상상력을 추동하는 세계이다.

2. 고향의식, 삶과 문학의 근원

일반적 의미에서 고향이라 하면 좁게는 어떤 사람이 태어나고 자란 곳으로 조상들로부터 대대로 살던 곳을 의미한다. 하지만 고향의 의미는 이렇게 단순하게 지역적이고 물리적인 공간으로 정의될 문제는 아니다. 한 인간에게 있어서 고향이라 함은 어린 시절을 보내면서 마음속으로 간직하고 있는 정겹고 그리운 의식과 정신의 공간이다. 말을 바꾸면 고향은 언제나 돌아가 안식하고 싶은 안식처의 의미가 담긴 곳이지만, 동시에 한 사람의 의식적 무의식적 정신이 담겨 있는 공간이기도 하다.

갈수록 고향이 상실되어가는 현대사회에서 고향이 무슨 의미가 있느냐고 말할 수 있지만, 삭막하고 각박한 현대적 삶의 상황에서 고향은 단순한 공간적 의미가 아닌 어머니의 품과 같은 정답고 그리운 정신적 의식적인 터전이 되는 곳이다. 실제로 이정자에게 고향은 어머니의 존재와 이음동의어에 다름 아니다. 그는 고향을 "어머니의 존재는 신만큼이나 위대하다. 특히 엄마의 존재는 찬란한 태양이다. 헌신적인 모성애로 가정을 지키고 자식을 키워 나간다면 사회는 분명 안정된 삶의 터전이다. (〈떠오른 태양〉)" 라고 표현한다. 고향이 어머니와 같은 존재이고, 어머니의 헌신성과 모성애가 우리의 가정과 사회를 지킬 수 있는 삶의 터전일 수 있다는 진술에서 작가가 고향과 어머니에 대한 사랑이 얼마나 깊고 간절한 것인가는 잘 드러난다.

물론 고향에 대한 생각은 현재 자신의 고향에 머물고 있는가, 아니면 타향에 살고 있는가에 따라 다른 의미를 지닌다. 또한 어린이인가 아니면 성인인가에 따라서 매우 많은 의미의 차이를 가진다. 특히 고향이 아닌 타지에 머물고 있으면서 현실을 고통으로 받아들이고 있는 많은 현대인들에겐 고향의 의미가 더욱 각별할 수밖에 없다. 그러나 이정자의 경우에는 어린 시절부터 몸담고 살아온 자신의 고향에서 현재에도 살아가면서 고향에 대한 과거와 현재의 여러 체험들은 바로 삶 그 자체이다. 그리하여 그의 많은 작품은 '고향연가'로 이루어져 있다 해도 지나친 말이 아니다.

작가에 의해 언어로 표현되는 글은 작가의식과 정신의 표현이며 삶의 의미이다. 작가는 글을 통해 자신의 삶을 성찰하고, 반성하며, 생각을 정리하고 표현한다. 시인은 시를 통해, 수필가는 수필을 통해 자신의 삶의 터전인 고향에 대해서 보고 듣고 느낀 감정적 체험을 그리움과 추억의 대상으로 삼는다. 고향으로 인해 형성된 정서적 인식을 문학적 표현으로 형상화해서 작품으로 표출하게 되는 것이다. 이를테면 고향 포구의 모습을 작가는 이렇게 그리고 있다.

다가선 고향포구는 밀물과 썰물의 교차가 훤히 드러난다. 과거의 추억들이 어우러져 파도처럼 출렁이는 그리움의 바다이다. 원담에는 수영을 하며 물장구치던 아이들이 너럭바위에 드러누워 돌고래처럼 바들바들 떨었다. 허기진 입술이 떨려도 견디어 내던 애기좀녀들은 어디서 지내고 있을까. 놀란 토끼처럼 빨간 눈동자 굴리던 그들의 모습이 아련하다.

—〈물결치는 그리움〉에서

위 작품 〈물결치는 그리움〉에서 그려지는 고향포구와 같이, 작가에게 언제나 고향풍경은 "숙성된 된장항아리 속"에서 우러나오는 소박하고 정겨운 곳이고 "어머니 냄새가 퍼져서 마음은 넉넉함으로 행복해"(〈아! 바로 그 냄새〉) 지는 곳이다. 여기서 '고향'은 분명히 물리적이고 지역적인 단순한 공간으로서의 의미를 넘어서고 있다. 말하자면 이정자 작품의 주체에게 고향은 공간이나 장소의 개념을 넘어서 관념적 실제로 수용되고 있는 것이다. 작가에게 고향은 보고 듣고 느낀 삶의 체험과 기억을 통해 형성되는 정신의 결정이다.

작가들에게 형성되는 어떤 대상의 이미지는 그것을 바

라보는 주체의 시선에 의해 구현된다. 그런 의미에서 작가에게 고향 이미지는 그것을 회상하는 주체의 시선과 기억에 의해 의미화 되는 공간이라 할 수 있는 것이다. 이때 고향의 의미화 과정에 관계하는 작가의식을 우리는 '고향의식'이라 부를 수 있지만, 중요한 것은 작가가 동시대의 개인적 · 사회적 공간 안에서 어떤 부분에 의미를 두고 고향을 바라보는가에 따라 고향의 의미는 새로워질 수 있고 극대화될 수 있다.

문학작품에서의 고향의식은 흔히 그곳을 탈피하거나 거부하고자 하는 태도와 그곳을 수용하고 귀환하고자 하는 태도의 상반된 것으로 나타난다. 세계는 주체의 인식에 따라 그것이 긍정되거나 부정의 대상이 된다. 주체는 세계의 현상 아래 존재하거나 거부된다. 그러기에 주체의 고향의식은 공동체에 대한 연대의식과 함께 철학자 하이데거가 말하는 바와 같은 '세계 내 존재'로 재해석될 수 있다.

가난하고 힘들었던 고향에 대한 기억을 가지고 있었던 사람에게는 고향이 고통이나 피폐한 현실로 받아들일 수 있으며, 이 기억으로 인해 작가들에게 고향은 어둡고 우울한 곳으로 그려지게 된다. 더욱이 현대 사회 속에서 살아가며 일상의 고통 속에서 삶을 살아가야 하는 현대인에게 고향에 대한 의미는 남다르다. 고향은 인간의 삶에서 떼어낼 수 없는 중요한 곳임에도 불구하고, 쉽게 다가갈 수 없는 그야말로 '머나먼 고향'이 되고 만다.

그렇지만 긍정적이고 평화로운 삶을 영위하고자 하는 사람일수록 고향은 더욱 꿈과 그리움의 대상이 된다. 이정자의 작품에서도 고향의식은 이상적이면서도 실제화된 그리움이나 인식으로 나타나고 있다. 이러한 고향의식은 타자에게도 전이되면서 일종의 연대감을 형성하게 된다. 다시 말해 이 경우 고향의식은 일종의 인간적 연대의식의 다른 표현이다. 이 연대의식은 인간과 인간, 인간과 자연 사이의 올바른 관계를 이룰 수 있는 종합 내지는 결합을 의미하는 연결고리가 된다. 더 나아가 그것은 인간과 삶의 모순과 갈등을 해결해 나갈 수 있는 연대를 구성하는 기초가 되고 있으며, 자신의 삶을 새롭게 재구성해 나가는 역동적 힘으로 작용하기도 한다. 이렇게 이정자의 고향의식은 인간과 삶의 현실과 조화되면서 동질적 연대의식으로 확장되거나 발전되어 나간다.

그렇다고 할 때, 이정자의 수필에서 고향의식은 단순히 고향을 그리워하는 정적인 내부의식이 아니다. 그것은 주체들이 현실에 좌절하거나, 현실을 극복해 나가게 하는 데 기능하는 구체적이고 역동적인 힘으로 기능하는 의식이다. 더 나아가 이런 고향의식은 그의 수필을 구성하는 서사적 이데올로기인 낭만적 상상력의 힘으로 작동한다. 이정자의 작품 전편에 전개되고 있는 유년과 고향에 대한 기억들은 그의 의식 깊은 곳에서 선험적 낭만성으로 기여하게 되는 것이다. 이러한 선험적 낭만성을 통하여 작가는 인간과 인간, 혹은 인간과 자연의 질서를 바라보면서 그 속에서 삶의 본원적 진실을 찾고자 한다.

3. 낭만적 상상력의 서사

낭만적 세계 인식이란 인간이 절대적이고 완전한 세계에 도달할 수 있다고 믿는 사고의 한 양태이다. 그런 까닭에 그것은 외부의 대상에 대한 단순한 묘사나 모방이라기보다는 주체의 새로운 세계에 대한 갈망의 한 표현 양식으로 나타난다. 말하자면 작가 자신이 발 딛고 있는 세상을 이미 주어져 있는 불변의 실체로 간주하는 것이 아니라, 그것을 원형적인 이념의 한 형태로 간주함으로써 끊임없이 현실에서 탈주하고자 하는 인식태도라고 할 수 있다. 자신이 몸담아 살고 있는 세계를 경험하면서 그로부터 탈주하고자 하는 태도는 보다 나은 현실에 대한 갈망을 보여주는 것이다. 작가란 원래 자신이 몸담고 있는 세계로부터의 초월을 꿈꾸는 존재이지만 그 방식은 작가마다 같은 것일 수 없다. 특히 낭만적 인식에 기초한 작가는 흔히 자신이 몸담고 살아온 세상, 혹은 앞으로 몸담고 살아가야 할 새로운 세상에 대한 그리움과 추억을 꿈꾸게 된다.

이정자의 작품에서 그리움과 추억의 정서가 허다하게 발견되는 것을 보기란 어렵지 않다. 앞서 우리는 이정자의 수필세계가 고향의식을 강하게 지니고 있다고 이야기하였거니와, 마찬가지로 그의 작품에서는 어린 시절에 대한 그리움과 추억으로 가득 차 있다. 작가는 유년시절의 추억을 다음과 같이 묘사한다.

유년 시절의 추억을 찾으며 해안도로 따라 마을 쪽으로 걸어간다. 용천수가 콸콸 흐르고 있다. 철새도래지 저편 방파제가 가로막은 해안가 은빛 모래에 물결이 그림자를 그려내고.있다. 모래판에서 온몸을 흔들며 발로 모시조개를 잡던 일이 엊그제 같은데 희미한 추억이다. 우측 짠물과 단물이 교차하는 지점에 파래가 깔려 있어 심층플랑크톤이 풍부하다. 철새들이 풍부한 먹이를 찾아 날아들고 있다. 청둥오리는 사랑스러운 짝짓기를 하며 노닌다. 백로는 외로운 듯 저 멀리 날개를 휘저으며 날아간다.

―〈고향 연가〉에서

우리는 흔히 한 작가의 작품을 낭만적인 관점에서 읽을 때 '낭만적'이란 수식어와 함께 '감상感傷', '우울'과 같은 비관적이거나 어두운 개념을 연상하는 경향이 있지만, 이는 낭만주의라는 용어와 관련된 하나의 편견에 의해서 비롯된 것이다. 낭만주의에 대해서는 개인의 감정에 지나치게 집중하여 주관적이고 감상적이라거나 삶의 현실과 무관한 평가를 내리는 것이 상례이다. 그렇지만 낭만주의의 중요한 기본이념은 '환상'이나 '감상'을 넘어서서, 이 세상과 인간에 대한 완전성과 무한성에 대한 동경이 강하다. 낭만주의가 자연과 인간관계의 아름다움에 대한 감탄이나 인간에 대한 강렬하고 깊은 인식의 표현을 이루어내고자 하는 것은 바로 이러한 경향을 잘 대변해주는 것이라 하겠다.

낭만주의의 이런 핵심적 이념을 잘 반영하듯이, 이정자의 수필에서는 새로운 삶의 세계에 대한 동경과 그리움의 정서가 강하게 나타나고 있다. 이정자의 수필에서는 원시와 근원에 대한 동경과 목가적 이상향에 대한 추구의 의지가 강렬하게 드러나고 있는 것은 분명하다. 이는 바로 보편적이고 원형적인 인간과 세계에 대한 작가의식의 추구라는 점에서 주목을 요하는 것이다. 실제 그의 수필은 원시적 생명력을 지닌 인간과 자연에 대한 관심과 애정이 구체적으로 드러나고 있다.

바닷물에서 올라온 듯 떨고 있는 해녀 동상을 바라보며 빙그레 웃어본다. 세월은 흐르고 물살은 거칠어도 변함없이 바다를 지키고 있다. 토끼섬(蘭島)은 문주란 자생지이다. 천연기념물 19호로 지정된 보호지역으로 높은 절벽 할미당이 마주한다. 문주란 꽃은 7월부터 9월에 활짝 핀다. 꽃대를 밀어낸 하얀 꽃술은 달밤에 하얀 토끼들이 뛰어다니는 것처럼 신비롭다. 문주란 향기는 천리만리 퍼지기에 일명 천리향이라고 부르며, 밤이면 향기가 더욱 짙어 마을 안까지 향기로움이 가득하다. 체험학습장으로 찾아오는 토끼섬은 제주의 보물이며 마을의 자랑거리다.

—〈고향 연가〉에서

위 수필에서 작품의 화자는 고향 마을 근처에 있는 토끼섬을 바라본다. 화자는 바닷물에서 금세 올라온 듯 떨고 있는 해녀 동상을 바라보고, 토끼섬의 문주란을 바라본다. 문주란 향기는 천리만리 퍼지기에 일명 천리향이라 불린다. 토끼섬을 바라보면서 작가는 이 섬이 간직하고 있는 모든 것들이 제주의 보물이며 마을의 자랑거리라고 생각한다. 이렇게 이정자의 수필은 어디에서든 자연에 대한 애정과 연민이 가득 담겨있으며, 이는 근원적이고 본원적인 것에 대한 작가의 향수와 동경을 보여주는 것이다.

이러한 작가의 태도를 통하여 우리는 그의 수필에서 상정되는 세계가 어떠한 것인지 잘 알 수 있다. 그의 수필에서 쉽게 드러나는 사라진 것 혹은 근원적인 것들, 이를

테면 '애기 업은 돌' '불턱의 꽃' '놋화로' 에 내포된 의미가 무엇인지를 짐작할 수 있다. 과거에 대한 동경과 그리움에 암시된 이상향은 전설과 신화에서나 확인 될 수 있는 오래된 것이기도 하지만, 너무 오래 되어 상상조차 할 수 없는 것이 아니라 '물결치는 그리움'으로 존재하는 것이다. 작가가 말하는 '물결치는 그리움'은 물론 과거를 지향하는 것이지만, 이는 바로 지금, 이곳과 관련되어 있다. '그리움'은 현실과는 다른 시공간이어서 오로지 상상 속에서만 존재할지 모르나, 그럼에도 여기에는 언젠가는 가닿을 수 있다는 희망과 기대가 새겨져 있다.

이정자의 수필에서 드러나는 사라진 것들에 대한 상상력과 정서는 현실과 유리된 어떤 것이 아니라 과거를 통해 전해오는 추억과 미래에의 전망이다. 그의 수필에서 작가가 화자를 통하여 전달하고자 하는 '그리움'과 '추억'은 정성과 염원으로 현실의 어려움을 극복하고 복원할 수 있다는 믿음인 것이다. 이 같은 작가의 인식은 바로 룻소가 주창하던 '자연으로 돌아가자'는 낭만주의적 정신을 고스란히 반영하는 것이라고 할 수 있다.

세월의 강 넘어 그곳을 찾아가 보았다. 어른도 아이들도 없어진 조그만 연못 습지에 해맑은 연꽃이 피어 있는게 아닌가. 어디서 날아온 연꽃일까. 봉긋한 봉오리가 터질 것 같은 찰나이다. 물가에 손을 담그고 어린 시절의 추억 하나씩 펼쳐 놓았다. 동네 아이들 놀이터 어른들이 빨래하며 동네의 대소사들이 알려지던 노천탕이다.

―〈연꽃의 속삭임〉에서

위의 인용에서 연꽃에 대한 회상은 세심한 이해가 필요하다. 어른도 아이들도 없어진 조그만 연못 습지에 피어 있는 해맑은 연꽃은 화자의 '어디서 날아온 연꽃일까.'라는 의문대로 잠시 잊어버려졌다가 다시 눈앞의 현실이다. 여기에는 어디선가 나타난 혹은 나타나게 될 희망에 대한 암시가 강하게 나타난다. 화자가 본 것은 현재의 것이지만 그것이 전혀 알 수 없는 것이 아니라 이미 화자가 경험해본 '어린 시절의 추억'에서 찾아진 현재의 것이다. 이는 현실에 대한 불만과 그로 인한 부정도 근원적인 어떤 것에 대한 기억과 동경으로 상쇄될 수 있으며, 그런 태도를 통하여 '지금, 여기'의 삶은 새롭게 이루어질 수 있는 것이다. 작가의 이런 현실의식은 그의 인간이해를 통하여 보다 구체적으로 확인될 수 있다.

4. 나오며: 인간공동체를 위한 염원

낭만성에 기초한 이정자의 현실인식은 가족과 이웃에 대한 지극한 관심과 사랑을 통해서도 잘 드러난다. 예컨대 "멀리 떨어져 있어도 마음은 언제나 정겨운 친정 형제들(〈내 마음의 간이역〉)"을 간이역에서 만난다든가, 조상들을 위하는 지극한 마음으로 하는 벌초라든가(〈벌초하는 날〉), 첫 월급으로 받은 돈을 친지들의 내복을 사는 데 바치는 마음(〈내복〉에서)은 모두 "세월이 흘러도 따뜻하고 포근한" 감성으로 작가의 가슴 속에 남아 존재한다.

이러한 감성은 '해님'과 '달님'으로 묘사되는 두 어머니에 대한 지극한 마음으로 더욱 극명하게 드러나고 있다. 건강한 육체를 낳아주신 어머니는 '달님'이고, 따뜻한 정으로 키워주신 어머니는 '해님'이다. "세월의 강가에서 외롭고 힘들었던 아이는 달님과 해님의 깊은 사랑으로 언제나 행복한 삶(〈달님과 해님〉)"을 이어가게 된다.

어린 시절 제삿날이나, 설날에는 언니들과 떨어져 있는 동백꽃으로 목걸이를 커다랗게 만들었다. 소꿉놀이할 때는 잎을 돈이라 하며 치맛자락에 소중히 모았다. 놀다가 말랑한 꽃술을 빨아먹으면 꿀맛이라 활기가 넘쳤다. 여름이면 커다란 나뭇가지에 그물을 쳐서 음식을 매달아 놓았다. 동생 등을 밟고 깨금발로 가지에 올라가다 떨어져 큰 상흔이 다리에 남아 있다. 매미가 울어대는 그늘에 멍석을 펴고 동생 돌보며 책을 읽어 주었다. 추억이 쌓여 있는 커다란 나무 둥지에는 나의 분신인 두 분이 마주 보고 계시다.

—〈달님과 해님〉에서

이렇게 이정자의 수필에서는 언제나 인간에 대한 따뜻한 사랑과 공감의 마음이 넘치고 있다. 이는 바로 주체의 가슴 속에 언제나 타자를 인정하고 수용하는 마음가짐이 가득하기 때문이라 할 수 있다. 그에겐들 어찌 슬픔과 아픔이 없겠는가. 그렇지만 이정자는 자신의 아픔은 뒤로 하여 가슴 속에 묻어두고 타자의 아픔을 먼저 생각하고 사랑함으로써 이 세상을 보다 따뜻하고 희망에 찬 공간으로 만들어 나가고자 한다. 이런 작가의 마음은 모두 친정집 대청마루에 오래전부터 걸려있던 색 바랜 가훈 '가화만사성家和萬事成'에 의한 것이다. 이 평범하고 진부한 진리는 마치 "상서로운 푸른 양처럼 살며시 다가와 따스함을 전해 주는(〈귓가에 맴도는 북소리〉)" 아름다운 심성이 되어 작가의 작품 전편에서 작동한다. 그리하여 작가는 인간의 복 중에서도 '인연 복'을 가장 소중하다고 여긴다. "일상에서 소소한 일이 귀중하고 소중한 인연이라 생각하며 연계의 끈을 당겨본다. 누구와도 소통하며 공감할 수 있는 인연이면 참으로 좋겠다. 복 중에 복은 '인연 복'이라는 말이 되살아난다(〈인연 복〉)."고 생각하는 것이다.

이정자의 수필은 자신이 몸담고 있는 삶과 인간에 대한 성찰을 표현한 작품들이 대부분이다. 이는 바로 인간으로서 정직하고 성실한 삶의 모습을 제시하거나 그러한 삶을 살고자 하는 간절한 욕구의 표현이다. 이러한 태도는 성실하면서도 정직한 삶을 살고자 하는 자아가 그렇지 못한 현실을 극복하고자 하는 의지의 다른 표현이라 할 수 있다. 가정에서든 사회에서든 이런 삶의 태도야말로 진정하게 인간다운 삶의 공동체를 만들어갈 수 있는 힘이라 할 수 있을 것이다.

앞서 여러 각도로 살폈듯이, 이정자의 작품 세계는 어머니의 품과 같은 삶의 원초적 고향을 떠나지 못하고 세상과 인간의 진정한 모습을 찾고자 노력하고 있다. 이는 바로 자연과 우주의 원리에 따르면서 삶과 문학의 본질을 이해하고자 하는 그의 낭만적 문학정신에 기초한 것이라 할 수 있다.

첫 수필집을 상재하면서 이제 작가는 길고도 험난한 문학의 길의 새로운 출발점에 서 있다. 모든 일에 있어서 첫 경험이란 엄숙하고 중요한 일이다. 이를 계기로 문학에 대한 열정과 사랑을 새로이 다짐하면서 더욱 훌륭한 수필가로 성장하기를 빈다.

이정자 수필집

불턱의 꽃

인쇄 2017년 10월 25일
발행 2017년 10월 31일

지은이 이정자
발행인 서정환
펴낸곳 수필과비평사
주소 서울시 종로구 삼일대로 32길 36(익선동 30-6 운현신화타워 빌딩) 305호
전화 (02) 3675-3885, (063) 275-4000 · 0484
팩스 (063) 274-3131
이메일 sina321@hanmail.net essay321@hanmail.net
출판등록 제300-2013-133호
인쇄 · 제본 신아출판사

ISBN 979-11-5933-123-7 03810
값 13,000원

이 도서의 국립중앙도서관 출판예정도서목록(CIP)은 서지정보유통지원시스템 홈페이지(http://seoji.nl.go.kr)와 국가자료공동목록시스템(http://www.nl.go.kr/kolisnet)에서 이용하실 수 있습니다. (CIP제어번호: CIP2017027732)

Printed in KOREA

한국문화예술위원회 Arts Council Korea · Jeju 제주특별자치도 · JFAC 제주문화예술재단의 지원금을 받아 제작하였습니다.